本書について

JN103554

　このワークブックはテキスト『初級日本語 げんき』の補助教材です。今回『げんき』第3版を制作するにあたり、テキストの改訂内容に合わせてワークブックも加筆修正を行いました。

　「会話・文法編」には、テキストで導入された各文法項目につき1ページのワークシートがあります。ワークシートでは既習の文法項目や語彙も復習しながら学習項目の定着を図ることができます。対応する文法項目の番号が表示されているので、必要に応じてテキストの文法説明を確認してワークブックに取り組むといいでしょう。

　各文法項目を学習した後は、「答えましょう」と「聞く練習」で総合的な練習を行うことができます。「聞く練習」には1課につき、会話文を中心として3つまたは4つの問題が収録してあります。

　「読み書き編」は、漢字の練習シート（Écriture des kanji）と漢字の穴埋め問題（Utilisation des kanji）で構成されています。漢字の導入後、書き方を覚えるまで、この漢字練習シートを使って何度も書いてみましょう。まず、漢字のバランスを意識して薄く書かれている文字をなぞってから、右側の空欄に何度も書いて練習します。筆順はテキストの漢字表を参考にしてください。

　穴埋め問題は、文の中に漢字や熟語が意味のあるものとして含まれていますから、必ず文全体を読んでから解答してください。

　このワークブックをテキストと併用することで、より効率よく初級日本語を学ぶことができるでしょう。

4

À propos de ce livre

Ce cahier d'exercices est conçu en tant que complément au manuel *GENKI : Méthode intégrée de japonais débutant*. La conception de la troisième édition du manuel a nécessité d'apporter des ajouts ainsi que d'autres changements au cahier d'exercices afin de le rendre conforme au nouveau texte.

La section Conversation et grammaire de ce livre comprend une feuille de travail pour chacune des règles de grammaire présentées dans le manuel. En plus de vous permettre de vous exercer avec du nouveau contenu, ces feuilles de travail vous aident également à renforcer votre compréhension du vocabulaire et des questions de grammaire rencontrés au cours des leçons précédentes. Le numéro de chaque règle de grammaire est indiqué afin que vous puissiez, si nécessaire, trouver rapidement l'explication qui s'y rapporte dans le manuel, et ainsi la revoir avant de vous exercer avec le cahier d'exercices.

Après avoir étudié chaque nouveau concept grammatical, il est possible de le réviser de manière exhaustive grâce aux sections Questions et Compréhension orale. La section Compréhension orale de chaque leçon comprend trois ou quatre activités qui impliquent l'écoute de dialogues et d'autres enregistrements audio.

La section Lecture et écriture comprend des feuilles de travail sur les kanji (Écriture des kanji) et des questions à trous sur les kanji (Utilisation des kanji). Vous devriez écrire les nouveaux kanji rencontrés sur la feuille plusieurs fois, jusqu'à ce que vous les mémorisiez. Dans un premier temps, entraînez-vous à tracer les kanji en repassant sur les traits légèrement imprimés, tout en faisant attention à l'équilibre des caractères. Puis, continuez à vous exercer en copiant les kanji dans les espaces blancs situés à droite, autant de fois que nécessaire pour les mémoriser. Pour l'ordre des traits, veuillez vous référer au tableau des kanji dans le manuel.

Pour les questions à trous, il vous faudra lire la phrase dans son intégralité avant de la compléter, afin d'apprendre à utiliser les kanji dans un contexte.

En utilisant ce cahier d'exercices en parallèle du manuel, vous apprendrez le japonais débutant de manière plus efficace.

GENKI

MÉTHODE INTÉGRÉE DE JAPONAIS DÉBUTANT

TROISIÈME ÉDITION

初級日本語［げんき］

げんき

［第3版］ **II**

ワークブック
CAHIER D'EXERCICES

フランス語版

VERSION FRANÇAISE

坂野永理・池田庸子・大野裕・品川恭子・渡嘉敷恭子
Eri Banno / Yoko Ikeda / Yutaka Ohno / Chikako Shinagawa / Kyoko Tokashiki

the japan times PUBLISHING

NE PAS SCANNER OU METTRE EN LIGNE !
· Scanner ce livre et rendre disponibles les fichiers sur Internet est une violation du droit d'auteur.
· Les e-books GENKI sous licence officielle de The Japan Times Publishing sont listés sur notre site.

初級日本語 げんき II ［ワークブック］（第 3 版）フランス語版
GENKI : Méthode intégrée de japonais débutant II [Cahier d'exercices] (Troisième édition) Version française

2023 年 10 月 5 日　初版発行

著　者：坂野永理・池田庸子・大野裕・品川恭子・渡嘉敷恭子
発行者：伊藤秀樹
発行所：株式会社 ジャパンタイムズ出版
　　　　〒 102-0082 東京都千代田区一番町 2-2　一番町第二 TG ビル 2F

First edition: October 2023

Illustrations: Noriko Udagawa
French translations and copyreading: Amitt Co., Ltd.
Narrators: Miho Nagahori, Kosuke Katayama, Toshitada Kitagawa, Miharu Muto, and Léna Ginuta
Recordings: The English Language Education Council, Inc.
Typesetting: guild
Cover art and editorial design: Nakayama Design Office (Gin-o Nakayama and Akihito Kaneko)
Printing: Nikkei Printing Inc.

Published by The Japan Times Publishing, Ltd.
2F Ichibancho Daini TG Bldg., 2-2 Ichibancho, Chiyoda-ku, Tokyo 102-0082, Japan

Website: https://jtpublishing.co.jp/
Genki-Online: https://genki3.japantimes.co.jp/

ISBN978-4-7890-1839-5

Printed in Japan

げんき Ⅱ ワークブック　もくじ

読み書き編

会話・文法編
かい　わ　ぶん　ぼう　へん

Conversation et grammaire

第13課　1　Forme potentielle des verbes — 1　　☛Grammaire 1

Ⅰ Remplissez le tableau.

forme du dictionnaire	forme en -*te*	forme potentielle	forme potentielle négative
Ex. 寝る	寝て	寝られる	寝られない
1. 遊ぶ			
2. 泳ぐ			
3. 飲む			
4. やめる			
5. 持ってくる			
6. 待つ			
7. 歌う			
8. 走る			
9. 聞く			
10. する			
11. くる			
12. 返す			
13. 帰る			

Ⅱ Écrivez deux choses que vous pouvez et ne pouvez pas faire ainsi que deux choses que vous pouviez et ne pouviez pas faire dans votre enfance.

1. Ce que vous pouvez faire :

(a)_____

(b)_____

2. Ce que vous ne pouvez pas faire :

(a)_____

(b)_____

3. Ce que vous pouviez faire dans votre enfance :

(a)_____

(b)_____

4. Ce que vous ne pouviez pas faire dans votre enfance :

(a)_____

(b)_____

第13課　2　Forme potentielle des verbes — 2　　　☛Grammaire 1

I　Lisez la première moitié des phrases et complétez-les avec des verbes à la forme poten-
tielle. Réfléchissez si vous devez utiliser la forme affirmative ou négative.

1. 中国に住んでいたので、中国語が＿＿＿＿＿＿＿＿＿＿＿＿＿＿＿＿＿＿＿。
　　ちゅうごく　す　　　　　　ちゅうごく ご
　　　　　　　　　　　　　　　　　　　　　(parler)

2. 水がこわいので、＿＿＿＿＿＿＿＿＿＿＿＿＿＿＿＿＿＿＿＿＿＿＿。
　　みず
　　　　　　　　　　　　　　　　(nager)

3. いろいろなこと (thing) に興味があるので、専攻が＿＿＿＿＿＿＿＿＿＿＿。
　　　　　　　　　　　　きょう み　　　　　　せんこう
　　　　　　　　　　　　　　　　　　　　　　　(décider)

4. かぜをひいているので、あした学校に＿＿＿＿＿＿＿＿＿＿＿＿＿＿＿。
　　　　　　　　　　　　　　　がっこう
　　　　　　　　　　　　　　　　　　　　(aller)

5. おなかがすいているので、たくさん＿＿＿＿＿＿＿＿＿＿＿＿＿＿＿＿。
　　　　　　　　　　　　　　　　　　　　(manger)

6. 気分が悪いので、今日は＿＿＿＿＿＿＿＿＿＿＿＿＿＿＿＿＿＿＿＿。
　　き ぶん　わる　　　　きょう
　　　　　　　　　　　　　　　　　(sortir)

II　Traduisez les phrases suivantes.

1. Quel genre de chansons pouvez-vous chanter ?

2. Où puis-je acheter des vêtements bon marché ?

3. Je n'ai pas pu dormir du tout, la nuit dernière.

4. Je suis heureux parce que j'ai pu devenir avocat.

5. Je ne pouvais pas manger d'œufs quand j'étais enfant, mais je peux en manger maintenant.

第13課　3　〜し　　　☞Grammaire 2

Ⅰ Complétez les phrases en utilisant 〜し.

1. _____、_____、起きたくないです。
   (il fait froid)　　　　　　(endormi)

2. _____、_____、田中さんは人気があります。
   (intelligent)　　　　(peut jouer de la guitare)

3. _____、_____、忙しいです。
   (j'ai un contrôle)　　　(je dois rencontrer le professeur)

4. _____、_____、山田さんがきらいです。
   (dit souvent des mensonges)　(ne tient pas ses promesses)

5. _____、_____、今幸せです。
   (j'ai pu entrer à l'université)　(j'ai beaucoup d'amis)

Ⅱ Répondez aux questions et ajoutez la raison avec 〜し.

Exemple　Q：日本語の授業が好きですか。
　　　　　A：いいえ、好きじゃないです。先生は厳しいし、宿題はたくさんあるし。

1. Q：将来、日本で働きたいですか。

   A：＿＿＿＿＿＿＿＿＿＿＿＿＿＿＿

2. Q：あなたの町が好きですか。

   A：＿＿＿＿＿＿＿＿＿＿＿＿＿＿＿

3. Q：夏と冬とどちらが好きですか。

   A：＿＿＿＿＿＿＿＿＿＿＿＿＿＿＿

4. Q：今どこに行きたいですか。

   A：＿＿＿＿＿＿＿＿＿＿＿＿＿＿＿

第13課 4 〜そうです (Il semble que...)

👉Grammaire 3

Ⅰ Décrivez les images avec 〜そうです.

Ex. gâteau

sucré

(Exemple) このケーキは甘そうです。
<small>あま</small>

1. _____

2. _____

3. _____

4. _____

5. _____

1. enseignante

gentille

2.

chaud

Ⅱ Reformulez les phrases comme dans l'exemple en utilisant les mêmes images.

(Exemple) 甘そうなケーキですね。
<small>あま</small>

1. _____

2. _____

3. _____

4. _____

5. _____

3. enfant

énergique

4. curry

épicé

5.

intelligent

第13課　5　〜てみる

☞Grammaire 4

Ⅰ Répondez à A en utilisant 〜てみます.

1. A：あの映画は感動しました。
   _{えい が　　かんどう}

   B：じゃあ、_____。

2. A：あの空手の先生は教えるのがとても上手ですよ。
   _{から て　せんせい　おし　　　　　　　　じょうず}

   B：じゃあ、_____。

3. A：この本はよかったですよ。
   _{ほん}

   B：じゃあ、_____。

4. A：韓国の料理は辛くて、とてもおいしいですよ。
   _{かんこく　りょう り　から}

   B：じゃあ、_____。

Ⅱ Notez trois endroits où vous n'êtes jamais allé et les choses que vous souhaiteriez essayer là-bas, en utilisant 〜てみたい.

Exemple モンゴル (Mongolie) に行ってみたいです。そこで馬 (cheval) に乗ってみ
_い _{うま} _の
たいです。

1. _____

2. _____

3. _____

第13課 6 なら

☛Grammaire 5

Ⅰ Répondez aux questions à partir des indications données en utilisant なら.

[Exemple] Q：土曜日はひまですか。 （× 土曜日　○ 日曜日）

A：日曜日ならひまですが、土曜日はひまじゃないです。

1. Q：肉をよく食べますか。 （× 肉　○ 魚）

A：＿＿＿＿＿＿＿＿＿＿＿＿＿＿＿＿＿＿＿＿＿＿＿＿＿

2. Q：バイクが買いたいですか。 （× バイク　○ 車）

A：＿＿＿＿＿＿＿＿＿＿＿＿＿＿＿＿＿＿＿＿＿＿＿＿＿

3. Q：猫を飼ったことがありますか。 （× 猫　○ 犬）

A：＿＿＿＿＿＿＿＿＿＿＿＿＿＿＿＿＿＿＿＿＿＿＿＿＿

Ⅱ Répondez aux questions en utilisant なら.

[Exemple] Q：外国に行ったことがありますか。

A：韓国なら行ったことがあります。

1. Q：外国語を話せますか。

A：＿＿＿＿＿＿＿＿＿＿＿＿＿＿＿＿＿＿＿＿＿＿＿＿＿

2. Q：スポーツができますか。

A：＿＿＿＿＿＿＿＿＿＿＿＿＿＿＿＿＿＿＿＿＿＿＿＿＿

3. Q：料理が作れますか。

A：＿＿＿＿＿＿＿＿＿＿＿＿＿＿＿＿＿＿＿＿＿＿＿＿＿

4. Q：お金が貸せますか。

A：＿＿＿＿＿＿＿＿＿＿＿＿＿＿＿＿＿＿＿＿＿＿＿＿＿

第13課 7 一週間に三回
<ruby>一<rt>いっ</rt>週<rt>しゅう</rt>間<rt>かん</rt></ruby>　<ruby>三<rt>さん</rt>回<rt>かい</rt></ruby>

☛Grammaire 6

I Traduisez les phrases suivantes.

1. Mary étudie le japonais environ trois heures par jour.

2. John va au supermarché une fois par semaine.

3. Ma grande sœur joue au golf deux fois par mois.

4. Ken va à l'étranger une fois par an.

II Écrivez à quelle fréquence et combien de temps vous faites les activités suivantes. Si vous n'êtes pas certain, utilisez ぐらい.

[Exemple] regarder la télévision　→　一日に一時間ぐらいテレビを見ます。

1. discuter avec votre famille

　→

2. vous brosser les dents

　→

3. dormir

　→

4. vous faire couper les cheveux

　→

5. faire de l'exercice

　→

6. attraper un rhume

　→

第13課 8 答えましょう
こた

I 日本語で答えてください。 (Répondez aux questions en japonais.)
にほんご こた

1. 料理をするのが好きですか。どんな料理が作れますか。
りょうり　　　　　　す　　　　　　　　　　　りょうり　つく

2. 子供の時、どんな食べ物が食べられませんでしたか。
こども　とき　　　　　　た　もの　た

3. 今、忙しいですか。 (Répondez avec 〜し.)
いま　いそが

4. 子供の時、何がしてみたかったですか。
こども　とき　なに

5. 日本で何をしてみたいですか。
にほん　なに

6. 一週間に何時間／何回、日本語の授業がありますか。
いっしゅうかん　なんじかん　なんかい　にほんご　じゅぎょう

II 日本語で書いてください。
にほんご　か
Écrivez au sujet de votre petit boulot actuel ou d'un ancien petit boulot.

1. どんな仕事ですか／でしたか。
しごと

2. 一時間にいくらもらいますか／もらいましたか。
いちじかん

3. 一週間に何日／何時間アルバイトをしていますか／していましたか。
いっしゅうかん　なんにち　なんじかん

第13課 9 聞く練習 (Compréhension orale)
き れんしゅう

A Écoutez les entretiens d'embauche entre le responsable du personnel d'une entreprise et les candidats au poste. Écrivez les réponses en japonais ou entourez celles qui conviennent. 🔊 W13-A
＊ごめん (désolé [familier])

	どんな外国語が がいこくご できますか	車の運転が くるま うんてん できますか	何曜日に行けますか なんようび い
中山 なかやま		はい・いいえ	月 火 水 木 金 土 日 げつ か すい もく きん ど にち
村野 むらの		はい・いいえ	月 火 水 木 金 土 日 げつ か すい もく きん ど にち

B Ken discute avec Yui et Robert. Marquez chacune des propositions suivantes d'un ○ si elle est vraie ou d'un ✕ si elle est fausse. 🔊 W13-B

1. (　　　) Ken a demandé à Yui et à Robert de le remplacer à son petit boulot.
2. (　　　) Yui ne peut pas aider Ken car elle est occupée.
3. (　　　) Yui n'est pas douée en anglais.
4. (　　　) La petite sœur de Ken va venir demain.
5. (　　　) Robert est occupé demain.
6. (　　　) Robert appellera Ken s'il peut annuler le rendez-vous.
7. (　　　) Robert connaît quelqu'un qui pourrait être intéressé par l'enseignement.

C Deux personnes font des achats en ligne. 🔊 W13-C

＊スイス (Suisse)　スポーツクラブ (club de sport)

1. Quelles sont leurs premières impressions de chaque article ?

(a) 時計は＿＿＿＿＿＿＿＿＿＿＿＿＿そうです。
とけい

(b) セーターは＿＿＿＿＿＿＿＿＿＿＿＿＿。

(c) フィットネスマシン (appareil de fitness) は＿＿＿＿＿＿＿＿＿＿＿。

2. 女の人は時計を買いますか。どうしてですか。
おんな ひと とけい か

3. 男の人はセーターを買いますか。どうしてですか。
おとこ ひと か

4. 女の人はフィットネスマシンを買いますか。どうしてですか。
おんな ひと か

第14課 1 ほしい

☛Grammaire 1

I Indiquez si vous souhaitez ou non les choses suivants.

1. ぬいぐるみ

2. 休み
　　やす

3. お金持ちの友だち
　　かね も　　　とも

II Indiquez si vous souhaitiez ou non les choses suivants lorsque vous étiez enfant.

1. 大きい犬
　　おお　　いぬ

2. 楽器
　　がっき

3. 化粧品
　　け しょうひん

III Répondez aux questions suivantes.

1. 今、何が一番ほしいですか。どうしてですか。
　　いま　なに　いちばん

2. 子供の時、何が一番ほしかったですか。今もそれがほしいですか。
　　こども　とき　なに　いちばん　　　　　　　　　　　　いま

3. 時間とお金とどちらがほしいですか。どうしてですか。
　　じ かん　　かね

第14課 2 〜かもしれません　　　　　　　　　☛Grammaire 2

Ⅰ Complétez les phrases en utilisant 〜かもしれません.

1. たけしさんは_____。
(avare)

2. ナオミさんは_____。
(pas intéressée par le théâtre kabuki)

3. ゆいさんは、_____。
(déjà rentrée chez elle)

4. メアリーさんは今、_____。
(se trouve à la bibliothèque)

5. きのうのテストは_____。
(n'était pas bon)

Ⅱ Lisez chaque situation et faites une supposition.

(Exemple) ゆいさんはいつもジョンさんを見ています。
　　→　Votre avis：　ゆいさんはジョンさんが好きかもしれません。

1. けんたさんはいつもさびしそうです。

　→　Votre avis :　_____

2. あいさんはいつも家にいません。

　→　Votre avis :　_____

3. 今日ソラさんはうれしそうです。

　→　Votre avis :　_____

4. 今朝ロバートさんはとても眠そうでした。

　→　Votre avis :　_____

第14課 3 あげる / くれる / もらう

☛Grammaire 3

Ⅰ Les images ci-dessous indiquent qui a donné quoi à qui. Décrivez-les en utilisant あげる / くれる / もらう.

Image A

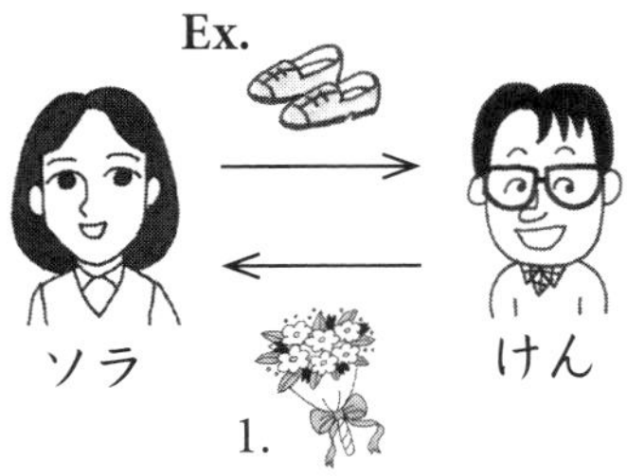

Ex.

ソラ　　　けん

1.

Exemple

(donner) ソラさんはけんさんに靴をあげました。
(recevoir) けんさんはソラさんに靴をもらいました。

1. (donner) _____

(recevoir) _____

Image B

私　　2.　　　　3.　ソラ

2. _____

3. (donner) _____

(recevoir) _____

Image C

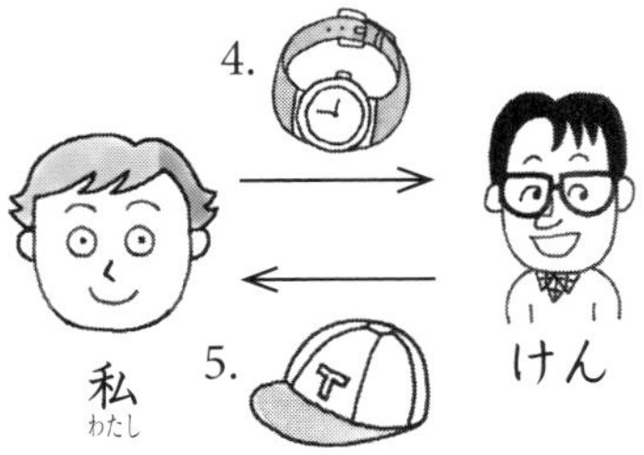

私　　4.　　　5.　けん

4. _____

5. (donner) _____

(recevoir) _____

Ⅱ Répondez aux questions suivantes.

1. 誕生日に何をもらいましたか。だれにもらいましたか。

2. 友だちの誕生日に何をあげるつもりですか。どうしてですか。

第14課 4 〜たらどうですか

☞Grammaire 4

Ⅰ Complétez les dialogues en utilisant 〜たらどうですか.

1. A：日本の会社で働きたいんです。
   にほん　かいしゃ　はたら

   B：_____。
   (envoyer un CV à une entreprise)

2. A：初めてデートするんです。
   はじ

   B：_____。
   (aller dans un restaurant chic)

3. A：熱があるので、かぜかもしれません。
   ねつ

   B：_____。
   (rester à la maison)

4. A：テストの成績が悪かったんです。
   せいせき　　わる

   B：_____。
   (demander conseil au professeur)

5. A：財布をなくしたんです。
   さいふ

   B：_____。
   (aller voir la police [警察])
   　　　　　　　　　　　　　　　　けいさつ

Ⅱ Imaginez un dialogue à partir des indications.

A：1._____。
   (Qu'est-ce qui ne va pas ?)

B：2._____。
   énoncer le problème

A：3._____。
   donner des conseils

B：4._____。
   (Je vais faire comme ça. Merci.)

第15課　4　Utiliser des propositions pour qualifier des noms — 1　☞Grammaire 4

I　Faites des phrases en utilisant les indications.

Ex.

弟は描きました。
おとうと　か

1.

食堂があります。
しょくどう

2.

私は先生に借りました。
わたし　せんせい　か

3.

父は私にくれました。
ちち　わたし

4.

友だちは住んでいます。
とも　　す

5.

最近できました。
さいきん

Ex. これは＿＿＿弟が描いた＿＿＿絵です。
　　　　　　　　おとうと　か　　　え

1. これは＿＿＿＿＿＿＿＿＿＿＿＿＿＿＿＿＿＿＿＿＿建物です。
　　　　　　　　　　　　　　　　　　　　　　　　　　　　たてもの

2. これは＿＿＿＿＿＿＿＿＿＿＿＿＿＿＿＿＿＿＿＿＿辞書です。
　　　　　　　　　　　　　　　　　　　　　　　　　　　　じしょ

3. これは＿＿＿＿＿＿＿＿＿＿＿＿＿＿＿＿＿＿＿＿＿です。

4. これは＿＿＿＿＿＿＿＿＿＿＿＿＿＿＿＿＿＿＿＿＿です。

5. これは＿＿＿＿＿＿＿＿＿＿＿＿＿＿＿＿＿＿＿＿＿です。

II　Traduisez les phrases suivantes.

1. C'est l'auberge japonaise où mon grand frère a fait une réservation.

2. C'est la montagne que j'ai escaladée l'année dernière.

第15課　5　Utiliser des propositions pour qualifier des noms — 2　☛Grammaire 5

I Traduisez les phrases en prêtant particulièrement attention aux parties soulignées.

1. J'ai rencontré <u>une personne qui était diplômée de la même université que moi</u>.

2. J'ai <u>un ami qui est déjà allé en Russie</u>（ロシア）.

3. <u>Le plat que j'ai mangé hier</u> était délicieux.

4. Je cherche <u>une personne qui peut parler chinois</u>.

II Répondez aux questions en utilisant une proposition qualificative. Vous pouvez choisir dans la liste ou utiliser votre propre idée.

(Exemple)　Ｑ：どんな友(とも)だちがほしいですか。

（Un ami : qui ne ment pas / qui chante bien / qui tient ses promesses）

Ａ：うそをつかない友(とも)だちがほしいです。

1. Ｑ：アパートを探(さが)しています。どんなアパートがいいですか。

（Un appartement : où l'on peut avoir un animal de compagnie / où les chambres sont spacieuses / qui dispose d'une piscine）

Ａ：＿＿＿＿＿＿＿＿＿＿＿＿＿＿＿＿＿＿＿＿＿＿＿＿＿

2. Ｑ：どんな町(まち)に住(す)みたいですか。

（Une ville : où il y a beaucoup de magasins chics / où les gens sont gentils / où vivent beaucoup d'étudiants）

Ａ：＿＿＿＿＿＿＿＿＿＿＿＿＿＿＿＿＿＿＿＿＿＿＿＿＿

3. Ｑ：ルームメイトを探(さが)しています。どんな人(ひと)がいいですか。

（Une personne : qui possède une voiture / qui aime faire le ménage / qui cuisine bien）

Ａ：＿＿＿＿＿＿＿＿＿＿＿＿＿＿＿＿＿＿＿＿＿＿＿＿＿

第15課　6　答えましょう

I 日本語で答えてください。

1. もうすぐ海外旅行 (voyage à l'étranger) に行きます。何をしておかなければいけ
ませんか。

2. 東京に行きます。観光したい所はどこですか。どうしてですか。

3. 今度の休みに何をしようと思っていますか。

4. どんな友だちがいますか。
(Utilisez une phrase qualifiant un nom. Par exemple : 日本に住んでいる友だちがいます。)

5. どんな家に住みたいですか。(Utilisez une phrase qualifiant un nom.)

II 日本語で書いてください。
あなたの今年の 「新年の抱負 (résolution du Nouvel An)」 は何ですか。

Exemple　いつもお菓子を食べすぎるので、今年はもっと野菜を食べようと思って
います。それから、一週間に三回ぐらい運動しようと思っています。

第15課 7 聞く練習 (Compréhension orale)
（き）（れんしゅう）

A Vous êtes invité dans la chambre de Tom. Écoutez ce qu'il dit à propos de ses affaires et complétez chaque explication. 🔊 W15-A

1. これは_____着物です。
（き もの）

2. これは_____マフラーです。

3. これは_____
ラジオです。

4. これは_____写真です。
（しゃしん）

5. これは_____歴史の本です。
（れきし）（ほん）

6. これは_____ぬいぐるみです。

B Écoutez le dialogue entre Mary et Sora et entourez les choix qui conviennent. 🔊 W15-B

＊平和公園＝広島平和記念公園 (Parc du Mémorial de la Paix de Hiroshima)
（へい わ こうえん）（ひろしまへい わ き ねんこうえん）

1. ソラさんは今度の休みに（ 休もう ・ 勉強しよう ）と思っていました。
（こん ど）（やす）（やす）（べんきょう）（おも）

2. ソラさんは広島に行ったことが（ あります ・ ありません ）。
（ひろしま）（い）

3. 広島は（ 公園がきれいな ・ 食べ物がおいしい ）ので、メアリーさんは広
（ひろしま）（こうえん）（た もの）（ひろ）
島に行きたがっています。
（しま）（い）

4. メアリーさんは旅行の前に（ 本で広島について調べておく ・ 安い旅館を
（りょこう）（まえ）（ほん）（ひろしま）（しら）（やす）（りょかん）
予約しておく ）つもりです。
（よ やく）

5. ソラさんは旅行の前に（ 平和公園について調べておきます ・ 宿題をして
（りょこう）（まえ）（へい わ こうえん）（しら）（しゅくだい）
おきます ）。

C Écoutez la publicité radiophonique pour l'université Sakura et marquez chacune des affirmations suivantes d'un ◯ si elle est vraie ou d'un ✕ si elle est fausse. 🔊 W15-C

＊ショッピングモール (centre commercial)

1. (   ) La bibliothèque est ouverte jusqu'à 10 h du soir.

2. (   ) Il y a un centre commercial sur le campus de l'université.

3. (   ) Vous trouverez à proximité des restaurants qui servent des plats internationaux.

4. (   ) Vous pourrez boire un délicieux café dans un café situé à proximité.

5. (   ) Il y a beaucoup d'étudiants qui y étudient l'anglais.

第16課　1　〜てあげる / てくれる / てもらう — 1　　　☛Grammaire 1

Ⅰ Décrivez ce que vous avez fait pour quelqu'un, ou ce que quelqu'un a fait pour vous, en utilisant 〜てあげる/〜てくれる.

1.

Fête des Mères
Soldes

私

2.

一緒に
行きましょう。

えき

私

3.

推薦状を
お願いします。

わかりました。

私

1. _____

2. _____

3. _____

Ⅱ Décrivez ce que vous avez fait faire à ces personnes en utilisant 〜てもらう.

1.

英語に訳し
ましょうか。

ありがとう。

友だち

私

2.

この漢字、
教えてください。

この漢字は……

私

famille d'accueil

3.

六時ですよ。

私　　ルームメイト

1. _____

2. _____

3. _____

第16課　2　～てあげる / てくれる / てもらう― 2　　　☛Grammaire 1

I Décrivez les situations en utilisant ～てあげる, ～てくれる et ～てもらう.

1.　Ma grande sœur me prête parfois sa voiture.

2.　Mon ami m'a emmené à l'hôpital.

3.　Mon ami m'a invité à dîner.

4.　J'ai montré des photos de mon voyage à ma famille.

5.　Puisque ma famille va venir au Japon, je vais leur faire visiter Kyoto.

II Lisez attentivement le paragraphe suivant et complétez les phrases avec あげます, くれます ou もらいます.

ぼくは今、日本に留学して、日本人の家族と住んでいます。家族はとても親切です。お母さんは、おいしい料理を作って（1.　　　　　　　　）。お父さんは、よく駅まで迎えに来て（2.　　　　　　　　）。朝早く起きられないので、いつもぼくはお兄さんに起こして（3.　　　　　　　　）。ぼくは、お兄さんの英語の宿題を直して（4.　　　　　　　　）。妹は、日本人の友だちを紹介して（5.　　　　　　　　）。

第16課 3 〜ていただけませんか　　　　　　　　☞Grammaire 2

I Demandez des faveurs aux personnes suivantes. Utilisez le style de discours qui convient : 〜てくれない (familier), 〜てくれませんか (poli) ou 〜ていただけませんか (très soutenu).

1. (*à un ami*) Pourrais-tu me prêter de l'argent ?

2. (*à un ami*) Pourrais-tu corriger (mon) japonais ?

3. (*à votre famille d'accueil*) Pourriez-vous me réveiller à sept heures demain ?

4. (*à votre famille d'accueil*) Pourriez-vous parler plus lentement ?

5. (*à votre professeur*) Pourriez-vous m'écrire une lettre de recommandation ?

6. (*à votre professeur*) Pourriez-vous traduire ceci en anglais ?

II Complétez les dialogues en utilisant 〜てくれない, 〜てくれませんか ou 〜ていただけませんか.

1. Vous : _____

    Mère d'accueil : だめ、だめ。宿題は自分でしなきゃいけませんよ。

2. Vous : _____

    Votre ami : ごめん。来週まで待って。今、お金がないんだ。

第16課 4 〜といいですね / 〜といいんですが   ☛Grammaire 3

Ⅰ Souhaitez bonne chance aux personnes suivantes en utilisant 〜といいですね.

1. Votre ami : あしたは私の誕生日なんです。
　　　　　　　　　わたし　たんじょうび

Vous : _____。

2. Votre ami : 今、仕事を探しているんです。
　　　　　　　　いま　しごと　さが

Vous : _____。

3. Votre ami : 来年留学する予定です。
　　　　　　　　らいねんりゅうがく　　　よてい

Vous : _____。

4. Votre ami : 私の猫が病気なんです。
　　　　　　　　わたし　ねこ　びょうき

Vous : _____。

Ⅱ Traduisez les phrases en utilisant 〜といいんですが.

1. Je veux faire des études de doctorat. J'espère que je pourrai bénéficier d'une bourse d'études.

2. Il y a un examen demain matin. J'espère que je ne vais pas me réveiller trop tard.

3. Je dois faire une présentation demain. J'espère que je ne serai pas trop nerveux.

4. Nous avons prévu de faire un barbecue. J'espère qu'il ne pleuvra pas.

第16課　5　〜時(とき) — 1　　　　　　　　　☞Grammaire 4

I Entourez le temps qui convient pour les phrases suivantes.

1. 友(とも)だちがこの町(まち)に（　来(く)る　・　来(き)た　）時(とき)、案内(あんない)します。

2. 友(とも)だちがうちに（　来(く)る　・　来(き)た　）時(とき)、部屋(へや)を掃除(そうじ)します。

3. （　道(みち)に迷(まよ)う　・　道(みち)に迷(まよ)った　）時(とき)、スマホで調(しら)べます。

4. ひま（　な　・　だった　）時(とき)、テレビを見(み)ます。

5. ホームシック（　の　・　だった　）時(とき)、両親(りょうしん)に電話(でんわ)します。

II Regardez les images et complétez les phrases avec 時(とき).

1.

＿＿＿＿＿＿＿時(とき)、
「いただきます」と言(い)います。

2.

＿＿＿＿＿＿＿時(とき)、
「ごちそうさま」と言(い)います。

3.

＿＿＿＿＿＿＿時(とき)、
切符(きっぷ)を買(か)います。

第16課 6 ～時（とき） — 2

☞Grammaire 4

I Déterminez si l'événement A (proposition introduite par «quand») se produit avant l'événement B (proposition principale) ou non, puis traduisez les phrases suivantes.

Quel événement se produit en premier ?

1. Quand j'irai au Japon (= A), je veux séjourner dans une auberge japonaise (= B). [A / B]

2. Quand je suis allé me coucher hier (= A), je ne me suis pas brossé les dents (= B). [A / B]

3. Quand j'ai fait du bénévolat (= A), j'ai rencontré différentes personnes (= B). [A / B]

4. Quand je vais à l'école (= A), je prends le bus (= B). [A / B]

5. Quand j'ai acheté cette voiture (= A), j'ai emprunté de l'argent à la banque (= B). [A / B]

6. Quand j'ai reçu un cadeau de la part de mon ami (= A), j'étais heureux (= B). [A / B]

II Répondez aux questions en utilisant 時（とき）.

1. どんな時（とき）、悲（かな）しいですか。

2. さびしい時（とき）、何（なに）をしますか。

3. どんな時（とき）、緊張（きんちょう）しますか。

第16課 7 〜てすみませんでした　　　　　　　　　　☞Grammaire 5

I Présentez des excuses dans chacune des situations ci-dessous en utilisant 〜てすみませんでした (langage soutenu) ou 〜てごめん (langage familier).

1. Vous n'avez pas rendu votre dissertation au professeur hier.

2. Vous avez réveillé votre colocataire.

3. Vous n'avez pas pu aller à la fête d'anniversaire de votre ami.

4. Vous avez reçu un message de votre ami et avez oublié d'y répondre.

5. Vous avez perdu un livre que vous aviez emprunté à votre professeur.

6. Vous étiez en retard à un rendez-vous avec votre ami.

II Vous est-il déjà arrivé de faire du mal à d'autres personnes et de ne pas avoir l'occasion de leur présenter des excuses ? Réfléchissez à ce que vous avez fait et présentez vos excuses.

1. (à votre ami)

2. (à un parent)

3. (à votre professeur)

4. (à quelqu'un d'autre)

第16課　8　答えましょう

I 日本語で答えてください。

1. 友だちが落ち込んでいる時、友だちに何をしてあげますか。

2. さびしい時、だれに何をしてもらいたいですか。

3. 子供の時、家族は何をしてくれましたか。

4. どんな時、感動しましたか。

5. よく泣きますか。どんな時、泣きますか。

6. 道に迷った時、どうしますか。(どうする : Que feriez-vous ?)

II 日本語で書いてください。　最近、だれにどんないいこと (bonne action) をしましたか。

Exemple　日本人の友だちが書いた英語のレポートを直してあげました。
　　　　　友だちはそのレポートでAをもらったと言っていました。

第16課 9 聞く練習 (Compréhension orale)
き れんしゅう

A Écoutez le dialogue entre un couple, Taro et Hanako. Qui a accepté de faire ce qui suit une fois marié ? Écrivez T pour les choses que Taro a accepté de faire et H pour celles que Hanako a accepté de faire. 🔊 W16-A　　　　　　*ベッド (lit)

1. (   ) préparer le petit-déjeuner
2. (   ) réveiller son/sa partenaire
3. (   ) nettoyer

4. (   ) faire des achats
5. (   ) repasser
6. (   ) faire la lessive

B Yuka est une étudiante japonaise en échange dans une université aux États-Unis. Elle a réalisé une vidéo pour les étudiants intéressés par ce programme d'échange. Écoutez sa vidéo et répondez aux questions. 🔊 W16-B　　*ビデオチャット (chat vidéo)

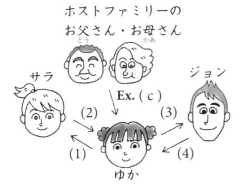

1. Choisissez dans la liste ci-dessous ce que fait chaque personne.

(1) (   )　(2) (   )　(3) (   )
(4) (   ) & (   )

a. 服を貸す　　　d. パーティーに連れていく
　 ふく か　　　　　　　　　　つ
b. 宿題を手伝う　e. おりがみを教える
　 しゅくだい てつだ　　　　　　 おし
c. ゆっくり話す　f. 友だちを紹介する
　　　　 はな　　　　とも　しょうかい

2. ゆかさんはさくら大学の学生に何をしてもらいたいですか。
　　　　　　　　だいがく がくせい なに

C Un journaliste de télévision interviewe la célèbre vedette Rie Gotoh le jour de son anniversaire. Marquez chacune des propositions suivantes d'un ◯ si elle est vraie ou d'un ✕ si elle est fausse. 🔊 W16-C

*お誕生日おめでとうございます (Joyeux anniversaire !)　ニュース (actualités)
　 たんじょうび

1. (   ) Rie a eu 20 ans.
2. (   ) Rie veut aller en vacances en Chine.
3. (   ) Rie est chanteuse.
4. (   ) Rie espère qu'elle pourra prendre trois jours de repos ce mois-ci.
5. (   ) Rie a annoncé son mariage avec M. Saijo.
6. (   ) Rie accorde une plus grande priorité à sa carrière qu'à son mariage.

第17課 1 　〜そうです (j'ai entendu dire) • 〜って　　　☛Grammaire 1・2

Ⅰ Rapportez les déclarations suivantes en utilisant 〜そうです.

1. « Yasmin (ヤスミン) prie cinq fois par jour. »

2. « Le dortoir de mon ami n'est pas sale. »

3. « Takeshi a trouvé un emploi à plein temps dans une agence de voyages. »

4. « Le cinéma n'était pas bondé. »

5. « Sora doit étudier ce soir parce qu'il y a un examen demain. »

6. « Le propriétaire de Ken est très radin. »

Ⅱ Rapportez ce que vous avez entendu ou lu.

1. 新聞によると、＿＿＿＿＿＿＿＿＿＿＿＿＿＿＿＿＿＿＿＿＿＿＿＿＿＿＿。
　 しんぶん

2. 天気予報によると、＿＿＿＿＿＿＿＿＿＿＿＿＿＿＿＿＿＿＿＿＿＿＿＿＿。
　 てんき よほう

3. ＿＿＿＿＿＿＿＿＿＿によると、＿＿＿＿＿＿＿＿＿＿＿＿＿＿＿＿＿＿＿。

Ⅲ Complétez les dialogues en utilisant 〜って.

1. Ａ：ニュース見た？＿＿＿＿＿＿＿＿＿＿＿＿＿＿＿＿＿＿＿＿＿＿＿＿。
　　　　　 み

　 Ｂ：本当？
　　　 ほんとう

2. Ａ：聞いた？＿＿＿＿＿＿＿＿＿＿＿＿＿＿＿＿＿＿＿＿＿＿＿＿＿＿＿＿。
　　　 き

　 Ｂ：そうか。大丈夫かなあ。
　　　　　　　 だいじょうぶ

第17課 2 〜たら   ☛Grammaire 3

I Complétez les phrases en choisissant les expressions qui conviennent dans la liste ci-dessous et en les transformant en phrases 〜たら.

お金が足りない　インフルエンザだ　就職できない　電子レンジに入れる

1. _____、五分で料理できます。

2. _____、大学に来てはいけません。

3. _____、両親に貸してもらいます。

4. _____、プロポーズをあきらめます。

II Traduisez les phrases en utilisant 〜たら.

1. Organisons un barbecue, s'il ne pleut pas ce week-end.

2. Si j'étais enseignant, je donnerais (= ferais) des examens toutes les semaines.

3. Quand je n'ai pas de réponse de mon ami, je deviens triste.

4. Si j'avais un bébé, je prendrais un congé (休み) d'un an.

5. Veuillez m'appeler si vous êtes intéressé par ce petit boulot.

第17課　3　〜なくてもいいです　　　☞Grammaire 4

I Traduisez les phrases suivantes.

1. Vous n'avez pas besoin de venir me chercher à l'aéroport.

2. Je vous invite aujourd'hui. Vous n'avez pas à payer.

3. Comme il n'y a pas de devoirs, je n'ai pas besoin d'étudier ce soir.

4. Comme cet hôtel n'est pas très fréquenté, nous n'avons pas besoin de faire de réservation.

5. Je n'ai pas à faire la vaisselle chez moi. Ma famille d'accueil la fait pour moi.

II Complétez les dialogues suivants en utilisant 〜なくてもいい. Notez que le langage familier est utilisé.

1. Ａ：今日、かさを持っていったほうがいいと思う？

　　Ｂ：今日は雨が降らないそうだよ。＿＿＿＿＿＿＿＿＿＿＿＿＿＿＿＿＿＿。

2. Ａ：今晩のパーティー、ネクタイをしたほうがいいと思う？

　　Ｂ：ううん、＿＿＿＿＿＿＿＿＿＿＿＿＿＿＿＿＿＿＿＿＿＿＿＿。

3. Ａ：ノート貸してくれてありがとう。あした返そうか？

　　Ｂ：ううん、来週まで＿＿＿＿＿＿＿＿＿＿＿＿＿＿＿＿＿＿＿＿＿。

III Décrivez deux choses que vous n'avez pas à faire.

1. ＿＿＿＿＿＿＿＿＿＿＿＿＿＿＿＿＿＿＿＿＿＿＿＿＿＿＿＿＿＿＿＿＿＿＿

2. ＿＿＿＿＿＿＿＿＿＿＿＿＿＿＿＿＿＿＿＿＿＿＿＿＿＿＿＿＿＿＿＿＿＿＿

第17課 4 〜みたいです

➡Grammaire 5

Ⅰ Traduisez les phrases en utilisant 〜みたいです.

1. Il semblerait que j'ai attrapé un rhume.

2. Il semblerait que j'ai oublié mon smartphone dans la voiture.

3. Ma petite sœur pleure beaucoup. Elle est comme une enfant.

4. Il semblerait que mon ami ne soit pas encore habitué à la vie au Japon.

5. Il semblerait que mon oncle divorce.

Ⅱ Décrivez vos impressions au sujet des images ci-dessous en utilisant 〜みたいです.

1.  2.  3.

ticket

1. _____

2. _____

3. _____

第17課　5　〜前に / 〜てから

I Décrivez dans quel ordre se déroulent les actions des images.

1. (a) et (b) : _____ 前に _____ 。
   まえ

2. (c) et (d) : _____ 前に _____ 。
   まえ

3. (d) et (e) : _____ から _____ 。

4. (f) et (g) : _____ から _____ 。

II Traduisez les phrases suivantes.

1. Après avoir verrouillé (la porte), je suis allé me coucher.

2. J'ai l'intention de chercher un emploi après avoir obtenu mon diplôme.

3. Avant de sortir, je regarde toujours les prévisions météorologiques.

第17課 6 答えましょう

Ⅰ 日本語で答えてください。

1. 卒業したら、何をしようと思っていますか。

2. 宝くじに当たったら、何がしたいですか。

3. 同じクラスの学生について何か知っていますか。(Utilisez 〜そうです.)

4. 最近どんなニュースがありましたか。(Utilisez 〜によると……そうです.)

5. きのう寝る前に何をしましたか。

6. この宿題が終わってから、何をするつもりですか。

Ⅱ 日本語で書いてください。
どんな仕事をしたいですか／どんな会社に就職したいですか。どうしてですか。
(Utilisez そうです, 〜みたいです, 〜なくてもいいです, etc.)

Exemple 私は銀行に就職したいです。銀行は給料が高いし、土曜日と日曜日は休みなので、働かなくてもいいです。仕事は大変そうですが、おもしろそうです。

第17課 ⁷ 聞く練習 (Compréhension orale)
きく れんしゅう

A Deux travailleurs parlent d'un de leurs collègues qui est plus âgé, M. Yamamoto. Écoutez leur dialogue et marquez chacune des propositions suivantes d'un ○ si elle est vraie ou d'un ✕ si elle est fausse. 🔊 W17-A

1. (　　　) Yamamoto va quitter l'entreprise.

2. (　　　) Il a été malade ces derniers jours.

3. (　　　) Son salaire est assez bas.

4. (　　　) Il a travaillé très dur.

5. (　　　) Il vient juste de divorcer.

6. (　　　) Ils pensent que la cause de son divorce est le nouveau petit ami de sa femme.

7. (　　　) Ils pensent qu'ils devraient peut-être trouver un nouvel emploi avant de se marier.

B Deux personnes se rendent à la fête de Tanaka. Écoutez et répondez aux questions suivantes. 🔊 W17-B

Avant la fête, vont-ils :

1. se dépêcher ?　　　[oui / non]　　　3. prendre un parapluie ?　　[oui / non]

2. appeler Mlle Tanaka ?　[oui / non]　　4. acheter quelque chose ?　　[oui / non]

C Mary et Takeshi discutent de leurs projets pour ce week-end. Écoutez le dialogue et répondez aux questions en japonais. 🔊 W17-C　　　　　＊六甲山 (mont Rokkô)
ろっこうさん

1. メアリーさんたちはいつ神戸に行くつもりですか。
こうべ　い

2. 神戸で何がしたいと思っていますか。
こうべ　なに　　　おも

(a) メアリーさんは＿＿＿＿＿＿＿＿＿＿＿＿＿＿＿＿＿＿＿＿と思っています。
おも

(b) ソラさんは＿＿＿＿＿＿＿＿＿＿＿＿＿＿＿＿＿＿＿＿＿＿と思っています。
おも

(c) たけしさんは＿＿＿＿＿＿＿＿＿＿＿＿＿＿＿＿＿＿＿＿と思っています。
おも

3. 雨が降ったら、何をするつもりですか。
あめ　ふ　　　なに

第18課 1 Paires de verbes transitif-intransitif — 1 ☛Grammaire 1

▶ Décrivez les images en utilisant la forme du dictionnaire des verbes transitifs et intransitifs.

Ex. ドアを

____あける____

1. ドアが

_____

2. ドアを

_____

3. ドアが

_____

4. 犬を
いぬ

_____

5. 犬が
いぬ

_____

6. 猫を
ねこ

_____

7. 猫が
ねこ

_____

8. 電気を
てん き

_____

9. 電気が
てん き

_____

10. ろうそくを

_____

11. ろうそくが

_____

12. ペンを

_____

13. ペンが

_____

14. おもちゃを

_____

15. おもちゃが

_____

16. 服を
ふく

_____

17. 服が
ふく

_____

18. お湯を
ゆ

_____

19. お湯が
ゆ

_____

第18課　2　Paires de verbes transitif-intransitif — 2　　☞Grammaire 1

I Choisissez le verbe qui convient et complétez chaque phrase avec sa forme longue.

Exemple（ あける ・ あく ）　→　ドアが＿あきます＿。

1.（ しまる ・ しめる ）　　→　窓を＿＿＿＿＿＿＿＿＿＿＿＿。
　　　　　　　　　　　　　　　　まど

2.（ いれる ・ はいる ）　　→　猫が家に＿＿＿＿＿＿＿＿＿＿＿。
　　　　　　　　　　　　　　　　ねこ　いえ

3.（ つける ・ つく ）　　　→　電気を＿＿＿＿＿＿＿＿＿＿＿＿。
　　　　　　　　　　　　　　　　てんき

4.（ わく ・ わかす ）　　　→　お湯が＿＿＿＿＿＿＿＿＿＿＿＿。
　　　　　　　　　　　　　　　　ゆ

5.（ でる ・ だす ）　　　　→　かばんから本を＿＿＿＿＿＿＿＿。
　　　　　　　　　　　　　　　　　　　　　　ほん

6.（ きえる ・ けす ）　　　→　電気が＿＿＿＿＿＿＿＿＿＿＿＿。
　　　　　　　　　　　　　　　　てんき

7.（ こわす ・ こわれる ）　→　携帯が＿＿＿＿＿＿＿＿＿＿＿＿。
　　　　　　　　　　　　　　　　けいたい

8.（ よごす ・ よごれる ）　→　服を＿＿＿＿＿＿＿＿＿＿＿＿＿。
　　　　　　　　　　　　　　　　ふく

9.（ おちる ・ おとす ）　　→　ペンが＿＿＿＿＿＿＿＿＿＿＿＿。

II Répondez aux questions suivantes.

1. 寝る時、電気を消しますか。
　 ね　とき　てんき　け

2. *毎朝、窓を開けますか。*
　 まいあさ　まど　あ

3. よく服を汚しますか。
　　　ふく　よご

4. よく物を壊しますか。
　　　もの　こわ

5. 財布を落としたことがありますか。
　 さいふ　お

第18課 3 Verbe intransitif appartenant à une paire ＋ ている ☞Grammaire 2

▶ Décrivez l'image en utilisant ～ています / ～ていません.

1. 左の窓が _____。

ひだり　まど

2. 右の窓が _____。

みぎ　まど

3. 時計が _____。

とけい

4. 電気が _____。

でんき

5. Ｔシャツが _____。

ティー

6. テレビが _____。

7. お湯が _____。

ゆ

第18課　4　〜てしまう

☞Grammaire 3

Ⅰ Traduisez les phrases en utilisant 〜てしまう.

1. J'ai déjà fini d'écrire la dissertation.

2. J'ai fini de lire ce livre.

3. J'ai (malheureusement) perdu des objets de valeur.

4. J'ai emprunté la voiture de mon père, mais je l'ai (malheureusement) cassée.

5. Comme mon ami n'a pas tenu sa promesse, nous nous sommes (malheureusement) disputés.

6. Comme j'ai démissionné (à mon grand regret), je suis actuellement sans emploi.

Ⅱ Complétez le dialogue en utilisant 〜ちゃった / じゃった, les versions familières de 〜て
しまった.

A：冷蔵庫の牛乳がないんだけど……。
　　れいぞうこ　　ぎゅうにゅう

B：ごめん。1.＿＿＿＿＿＿＿＿＿＿＿＿＿＿＿＿＿＿＿＿＿＿＿＿＿＿＿＿。

A：つくえの上の雑誌もない。
　　　　　うえ　　ざっし

B：ごめん。実は 2.＿＿＿＿＿＿＿＿＿＿＿＿＿＿＿＿＿＿＿＿＿＿＿＿＿。
　　　　　じつ

A：……。

第18課　5　〜と

☛ Grammaire 4

Ⅰ Traduisez les phrases suivantes en utilisant 〜と.

1. Chaque fois que je n'ai pas de réponse d'un ami, je m'inquiète.

2. Chaque fois que j'utilise un ordinateur, (mes) yeux me font mal (litt., « deviennent douloureux »).

3. Quand je suis stressé, j'ai soif.

4. Chaque fois que je prends ce médicament, j'ai sommeil.

5. Quand le printemps arrive, les cerisiers fleurissent.

Ⅱ Complétez les phrases en utilisant 〜と.

1. _____、おなかがすきます。

2. _____、気分が悪くなります。

3. _____、うれしくなります。

Ⅲ Répondez aux questions en utilisant 〜と.

1. どんな時、寝られませんか。

2. どんな時、恥ずかしくなりますか。

第18課　6　〜ながら

☛Grammaire 5

Ⅰ Décrivez les images en utilisant 〜ながら.

1. 　　2. 　　3. 　　4.

1. _____

2. _____

3. _____

4. _____

Ⅱ Traduisez les phrases suivantes.

1. J'ai fait mes devoirs en regardant la télévision.

2. Mary m'a montré cette photo en riant.

3. Je réfléchis tout en me promenant.

4. Vous feriez mieux de ne pas marcher et manger en même temps.

Ⅲ Répondez aux questions en utilisant 〜ながら.

1. たいてい、何をしながら勉強しますか。

2. 何をするのが好きですか。

第19課 4 〜てくれてありがとう

◀Grammaire 3

I Témoignez de votre reconnaissance dans les situations suivantes en utilisant 〜てくれて
ありがとう ou 〜てくださってありがとうございました.

1. Votre ami vous a reconduit chez vous.

2. Votre ami vous a prêté de l'argent.

3. Votre amie vous a fait visiter sa ville.

4. Votre patron vous a invité à dîner.

5. Votre professeur vous a écrit une lettre de recommandation.

6. Votre professeur vous a invité à une fête.

II Écrivez trois phrases afin de remercier des gens.

1. (À l'attention de :_____)

2. (À l'attention de :_____)

3. (À l'attention de :_____)

第19課　5　〜てよかったです

☞Grammaire 4

Ⅰ　Traduisez les phrases en utilisant 〜てよかったです.

1. Je suis content d'avoir étudié les expressions honorifiques.

2. Je suis content d'avoir pu rencontrer Mme Tanaka.

3. Je suis content qu'il ait fait soleil aujourd'hui.

4. Je suis content de ne pas avoir abandonné (mes) études de japonais.

5. Je suis content de ne pas être monté dans cet avion.

6. Je suis content que ma grand-mère se soit rétablie.

Ⅱ　Écrivez trois choses que vous êtes content d'avoir faites ou de ne pas avoir faites, en utilisant 〜てよかったです.

1. _____

2. _____

3. _____

第19課　6　〜はずです　　　　　　　　　　　　　　☞Grammaire 5

I　Traduisez les phrases en utilisant 〜はずです.

1. Je crois que Sora va ranger sa chambre parce que son petit ami va venir.

2. Je crois que Mary ne séchera pas les cours parce que c'est une bonne élève.

3. Je crois que le Canada (カナダ) est plus grand que les États-Unis.

4. Je crois que John est bon en chinois parce qu'il a vécu en Chine.

II　Complétez les dialogues en utilisant 〜はずです.

1. Ａ：山田さんはとんかつを食べるかな。
　　　やまだ　　　　　　　　　　　た

　　Ｂ：山田さんはベジタリアン (végétarien) だから、＿＿＿＿＿＿＿＿＿＿＿＿＿＿。
　　　やまだ

2. 先生：メアリーさんがいませんね。今日はクラスを休むんでしょうか。
　　せんせい　　　　　　　　　　　　　　　　　きょう　　　　　　　　やす

　　学生：三十分ぐらい前にメアリーさんを見たので、＿＿＿＿＿＿＿＿＿＿＿＿。
　　がくせい　さんじゅっぷん　まえ　　　　　　　み

　　　　　今日、テストがあるし。
　　　　　きょう

III　Complétez les phrases en utilisant 〜はずでした pour exprimer des prédictions ne s'étant pas réalisées.

1. 飛行機は九時に空港に＿＿＿＿＿＿＿＿＿＿＿が、雪で遅れてしまいました。
　　ひこうき　　くじ　くうこう　　　　　　　　　　　　ゆき　おく

2. ＿＿＿＿＿＿＿＿＿＿＿＿＿＿＿＿＿＿＿＿が、別れてしまいました。
　　　　　　　　　　　　　　　　　　　　　　　　　　わか

第19課　7　答えましょう

I 日本語で答えてください。

1. あなたは、自分はどんな性格だと思いますか。

2. 日本のどんな文化に興味がありますか。

3. 日本語を勉強してよかったと思いますか。どうしてですか。

4. 今、だれにお礼を言いたいですか。何と言いたいですか。

5. 最近、怒ったことがありますか。どうして怒りましたか。

II あなたの知っている目上の人の生活について、敬語を使って書いてください。
(Écrivez à propos de la vie quotidienne de personnes que vous connaissez d'un statut social supérieur au vôtre, en utilisant des expressions honorifiques.)

Exemple　山田先生は毎日九時に大学にいらっしゃいます。たいてい七時ごろまで大学にいらっしゃいます。昼ご飯は大学の食堂で召し上がります。夜は雑誌をお読みになったり、テレビをご覧になったりするそうです。

第19課　8　聞く練習 (Compréhension orale)

A Écoutez l'interview de Mme Yamada, écrivaine à succès. Marquez chacune des propositions suivantes d'un ◯ si elle est vraie ou d'un ✕ si elle est fausse. 🔊 W19-A

＊ベストセラー (best-seller)　おととし (il y a deux ans)　気に入る (apprécier)

1. (　　　) 山田さんは静岡に十五年住んでいます。

2. (　　　) 山田さんは散歩しながらいろいろ考えます。

3. (　　　) 山田さんは一日中仕事をします。

4. (　　　) 山田さんは九時ごろ寝ます。

5. (　　　) 山田さんは東京でよく映画を見ました。

6. (　　　) 山田さんは東京に住みたいと思っています。

B Écoutez les annonces et les courts dialogues. Choisissez le lieu où vous seriez le plus susceptible de les entendre ainsi que ce qu'ils vous invitent à faire, à partir des listes ci-dessous. 🔊 W19-B

＊〜行き (à destination de 〜)　住所 (adresse)

Lieu :
a. Banque
b. Salle à manger de quelqu'un
c. Quai
d. Restaurant
e. Agence de voyages

Demande :
A. Manger.
B. Noter votre nom, adresse et numéro de téléphone.
C. L'appeler après avoir décidé de votre commande.
D. Attendre un moment.
E. Faire attention.

Lieu　　　　　Demande

1. (　　　) — (　　　)

2. (　　　) — (　　　)

3. (　　　) — (　　　)

4. (　　　) — (　　　)

5. (　　　) — (　　　)

C Le prince d'un pays est en visite au Japon. Hier, il a visité une petite ville. Écoutez le journaliste et répondez aux questions suivantes. 🔊 W19-C　　　　　＊王子 (prince)
おうじ

1. Complétez les informations ci-dessous. Vous n'avez pas besoin d'utiliser de verbes honorifiques.

時間　　　　　　　　　　　王子は何をしましたか
じかん　　　　　　　　　　おうじ　なに

10:00　　駅に着きました。
えき　つ

　　　　　(a) _____

　　　　　(b) _____

(c) _____　高校生と一緒に昼ご飯を食べました。
こうこうせい　いっしょ　ひる　はん　た

　　　　　(d) _____

　　　　　(e) _____

2:00　　(f) _____

5:00　　(g) 新幹線で _____
しんかんせん

---

2. Marquez chacune des propositions suivantes d'un ○ si elle est vraie ou d'un ✕ si elle est fausse.

a. (　　　) Il a passé un bon moment, mais il avait besoin de plus de temps.

b. (　　　) Sa famille d'accueil vit à Tokyo.

c. (　　　) Il quittera le Japon ce soir.

第20課 1 Expressions de grande modestie

👉Grammaire 1

➤ Transformez les parties soulignées en expressions de grande modestie.

1.

田中さんはいらっしゃいますか。

今来ますので、少々お待ちください。

→ _____

2.

田中と言います。よろしくお願いします。

→ _____

3.

お茶をどうぞ。

すみません。飲みます。

→ _____

4.

山本部長はいらっしゃいますか。

今日は休んでいます。

→ _____

5.

かばんはこちらにあります。

→ _____

6.

パンです。どうぞ。

→ _____

第20課　2　Expressions d'humilité — 1　　☛Grammaire 2

▶ Transformez les parties soulignées en expressions d'humilité.

1. 駅で先生に会いました。　　　　　　　　→ _____
   えき　せんせい　あ

2. 先生に本を借りました。　　　　　　　　→ _____
   せんせい　ほん　か

3. 毎朝、部長にお茶をいれます。　　　　　→ _____
   まいあさ　ぶちょう　ちゃ

4. 部長におみやげをもらいました。　　　　→ _____
   ぶちょう

5. 部長を駅まで送りました。　　　　　　　→ _____
   ぶちょう　えき　おく

6. 部長の荷物を持ちました。　　　　　　　→ _____
   ぶちょう　にもつ　も

7. 先生にかさを貸しました。　　　　　　　→ _____
   せんせい　か

8. 部長の奥様もパーティーに呼びましょう。　→ _____
   ぶちょう　おくさま　よ

9. 部長の誕生日に花をあげようと思います。　→ _____
   ぶちょう　たんじょうび　はな　おも

第20課 3 Expressions d'humilité — 2　　　　　☛Grammaire 2

I Traduisez les phrases en utilisant des expressions d'humilité.

1. Dois-je (humblement) vous conduire jusqu'à la gare ?

2. Si vous venez dans mon pays, je vous ferai visiter.

3. Comme les bagages du responsable du département semblaient lourds, je les ai portés (pour lui).

4. C'est l'anniversaire de la responsable du département demain, et j'ai l'intention de lui offrir quelque chose.

II Voici le récit du voyage de John à Tokyo. Soulignez les parties qui nécessitent des expressions d'humilité et réécrivez-les.

先週、東京に行って、山田先生に会いました。先生はお元気そうでした。先生に東京を案内してもらいました。観光してから、レストランに行きました。先生にごちそうしてもらいました。私は先生に東京の大学について聞きました。それから、先生に借りていた本を返しました。帰る時、私は先生にオーストラリアのおみやげをあげました。とても楽しかったです。

第20課 4 Les trois types de langage respectueux

☞Grammaire 1-2 et L19-Grammaire 1

Ⅰ M. Noda est en train d'interviewer M. Tanaka. Complétez les phrases avec les expressions qui conviennent.

Noda: 田中さんは、どちらに 1.＿＿＿＿＿＿＿＿＿＿＿＿＿＿＿＿＿＿＿＿。
　　　 た なか
　　　　　　　　　　　　　　　　　(Où habitez-vous ?)

Tanaka: 家族と一緒に名古屋に 2.＿＿＿＿＿＿＿＿＿＿＿＿＿＿＿＿。
　　　　 か ぞく　いっしょ　 な ご や

N: 今日はどうやって 3.＿＿＿＿＿＿＿＿＿＿＿＿＿＿＿＿＿＿。
　　きょう
　　　　　　　　　　　　(Comment êtes-vous venu ici aujourd'hui ?)

T: 新幹線で 4.＿＿＿＿＿＿＿＿＿＿＿＿＿＿＿＿＿＿＿＿。
　 しんかんせん

N: ご兄弟が 5.＿＿＿＿＿＿＿＿＿＿＿＿＿＿＿＿＿＿＿＿。
　 きょうだい
　　　　　　　　　　　　(Avez-vous des frères et sœurs ?)

T: はい。兄が一人 6.＿＿＿＿＿＿＿＿＿＿＿＿＿＿＿＿＿。
　　　　あに　 ひとり

N: そうですか。田中さんは大学院で 7.＿＿＿＿＿＿＿＿＿＿＿。
　　　　　　　 た なか　　 だいがくいん
　　　　　　　　　　　　　　　　　(Qu'avez-vous étudié ?)

T: 経済を 8.＿＿＿＿＿＿＿＿＿＿＿＿＿＿＿＿＿＿＿＿。
　 けいざい

Ⅱ Une de vos associées, Mme Mori, est venue en ville. Écrivez le récit suivant en japonais, en utilisant des expressions honorifiques et des expressions d'humilité.

1.＿＿＿＿＿＿＿＿＿＿＿＿＿＿＿＿＿＿＿＿＿＿＿＿＿＿＿＿＿。
　　　　　　(Mme Mori est arrivée à l'aéroport à 9 heures.)

2.＿＿＿＿＿＿＿＿＿＿＿＿＿＿＿＿＿。一緒にゴルフをしに行きました。
　　　　　　　　　　　　　　　　　　　いっしょ　　　　　　　 い
　 (J'ai rencontré Mme Mori pour la première fois.)

3.＿＿＿＿＿＿＿＿＿＿＿＿＿＿＿＿＿＿＿＿＿＿＿＿＿＿＿＿＿。
　　(Mme Mori n'a pas apporté ses clubs de golf [クラブ], donc je lui ai prêté les miens.)

4.＿＿＿＿＿＿＿＿＿＿＿＿＿＿＿＿＿＿＿＿＿＿＿＿＿＿＿＿＿。
　　　　　　(Je l'ai conduite à l'hôtel vers 19 heures.)

第21課 1　Phrases passives — 1　　　　　☛Grammaire 1

I　Remplissez le tableau.

forme du dictionnaire	forme potentielle	forme passive	forme du dictionnaire	forme potentielle	forme passive
Ex. 見る	見られる	見られる	5. さわる		
1. いじめる			6. 泣く		
2. 読む			7. 笑う		
3. 帰る			8. くる		
4. 話す			9. する		

II　Réécrivez les phrases en utilisant la forme passive.

1. 田中さんは山田さんをなぐりました。

   → 山田さんは＿＿＿＿＿＿＿＿＿＿＿＿＿＿＿＿＿＿＿＿＿＿＿＿＿＿＿＿＿。

2. 山本さんは山田さんをばかにします。

   → 山田さんは＿＿＿＿＿＿＿＿＿＿＿＿＿＿＿＿＿＿＿＿＿＿＿＿＿＿＿＿＿。

3. お客さんは山田さんに文句を言います。

   → 山田さんは＿＿＿＿＿＿＿＿＿＿＿＿＿＿＿＿＿＿＿＿＿＿＿＿＿＿＿＿＿。

4. どろぼうが山田さんの家に入りました。

   → 山田さんは＿＿＿＿＿＿＿＿＿＿＿＿＿＿＿＿＿＿＿＿＿＿＿＿＿＿＿＿＿。

5. どろぼうが山田さんのかばんを盗みました。

   → 山田さんは＿＿＿＿＿＿＿＿＿＿＿＿＿＿＿＿＿＿＿＿＿＿＿＿＿＿＿＿＿。

6. 知らない人が山田さんの足を踏みました。

   → 山田さんは＿＿＿＿＿＿＿＿＿＿＿＿＿＿＿＿＿＿＿＿＿＿＿＿＿＿＿＿＿。

第21課 2 Phrases passives — 2

☞Grammaire 1

Ⅰ Lisez attentivement les phrases suivantes et décidez quelle partie peut être transformée à la forme passive. Réécrivez la phrase dans son intégralité.

(Exemple) となりの人がたばこを吸ったので、のどが痛くなりました。

→　となりの人にたばこを吸われたので、のどが痛くなりました。

1. 私は漢字を間違えたので、子供が笑いました。

→

2. 友だちが遊びに来たので、勉強できませんでした。

→

3. 子供の時、よく母は私を兄と比べたので、悲しかったです。

→

4. 私はよく授業に遅刻するので、先生は怒ります。

→

5. よく兄が私の車を使うので、困っています。

→

Ⅱ Traduisez les phrases en utilisant la forme passive.

1. Le bébé pleure toutes les nuits (et cela me dérange).

2. La mère de M. Tanaka lit souvent son journal intime (et il n'est pas content).

3. J'ai été malmené par Kento quand j'étais enfant.

4. On m'a volé mon sac à main dans la salle de classe.

第21課 3 Forme passive et 〜てもらう　　　☛Grammaire 1 et L16-Grammaire 1

➤ Décrivez les situations suivantes en utilisant la forme passive ou 〜てもらう, selon ce qui est le plus approprié à la situation.

(Exemple)　Mon frère a nettoyé ma chambre.

→　私は兄に部屋を掃除してもらいました。
　　　わたし　あに　へや　そうじ

Mon frère a jeté mon magazine préféré.

→　私は兄に大切な雑誌を捨てられました。
　　　わたし　あに　たいせつ　ざっし　す

1. Mon frère m'a appris le japonais.

→　私は_____。
　　わたし

2. Mon frère a cassé mon appareil photo.

→　私は_____。
　　わたし

3. Mon frère m'a prêté ses bandes dessinées.

→　私は_____。
　　わたし

4. Mon frère a mangé mon chocolat.

→　私は_____。
　　わたし

5. Mon frère m'a invité à dîner dans un restaurant célèbre.

→　私は_____。
　　わたし

6. Mon frère se moque de moi.

→　私は_____。
　　わたし

7. Mon frère me malmenait souvent quand j'étais enfant.

→　私は_____。
　　わたし

第21課 4 〜てある

☛Grammaire 2

Ⅰ Décrivez l'image en utilisant 〜てあります.

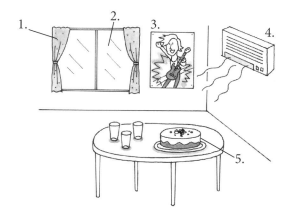

1. _____

2. _____

3. _____

4. _____

5. _____

Ⅱ Traduisez les phrases en utilisant 〜てあります.

1. Il fait froid. Le chauffage est-il allumé ?

2. Le dîner a été préparé. J'espère qu'il est délicieux.

3. Deux billets pour une représentation de kabuki ont été achetés. Voudriez-vous venir avec moi ?

第21課 5 ～間に
あいだ

◈Grammaire 3

Ⅰ Traduisez les phrases suivantes.

1. Pendant que je me changeais, mon colocataire m'a préparé du café.

2. Pendant que le bébé dort, je vais préparer le dîner.

3. Pendant que vous preniez un bain, il y a eu un coup de téléphone.

4. Pendant que j'étais absent (pas à la maison), quelqu'un est-il venu ?

5. Pendant que mes parents sont au Japon, j'ai l'intention de les emmener à Hiroshima.

Ⅱ Faites vos propres phrases.

1. ＿＿＿＿＿＿＿＿＿＿＿＿＿＿＿＿＿＿＿＿間にお金を盗まれました。
あいだ　　かね　ぬす

2. 昼寝をしている間に＿＿＿＿＿＿＿＿＿＿＿＿＿＿＿＿＿＿＿。
ひる ね　　　　　あいだ

3. 日本にいる間に＿＿＿＿＿＿＿＿たり＿＿＿＿＿＿＿たりしたいです。
に ほん　　　あいだ

4. ＿＿＿＿＿＿＿＿＿間に＿＿＿＿＿＿＿＿＿＿＿＿＿＿ばよかったです。
あいだ

第21課　6　Adjectif ＋ する　　　　　　　　　　☞Grammaire 4

Ⅰ Traduisez les phrases suivantes.

1. Je dois nettoyer la pièce parce que mes parents vont venir.

2. Il y a beaucoup de vocabulaire que nous devons mémoriser. Veuillez réduire la quantité, s'il vous plaît.

3. Vingt mille yens, c'est trop (litt., « trop cher »). Pourriez-vous diminuer le prix, s'il vous plaît ?

4. Si j'étais maire (市長), je rendrais la ville plus sûre.
   　　　　　　　しちょう

5. Mon chien a mis le désordre dans ma chambre pendant que je n'étais pas à la maison.

Ⅱ Que voudriez-vous faire si vous étiez les personnes suivantes ? Faites des phrases en utilisant un adjectif ＋ する.

(Example)　un professeur de japonais

　　　→　日本語の先生だったら、もっと宿題を多くしたいです。
　　　　　に ほん ご　　せんせい　　　　　　　　　しゅくだい　おお

1. le président d'une entreprise

　　→

2. le Président/Premier ministre

　　→

3. (votre propre idée)

　　→

第21課　7　〜てほしい　　　　　　　　　☛Grammaire 5

▶ En utilisant les verbes de la liste, faites des phrases qui conviennent aux situations présentées. Les phrases doivent avoir pour sens « je veux que quelqu'un fasse/ne fasse pas ... ».

静かにする	安くする	気がつく	間違えない
続ける	ほめる	忘れない	信じる

Exemple　友だちはうるさいです。 →　私は友だちに静かにしてほしいです。

1. 私は髪を短くしたけど、ルームメイトは何も言いません。

→

2. 友だちは私がうそをついたと思っていますが、私はうそをついていません。

→

3. 父は厳しくていつも怒っています。

→

4. 先生は私をアンナと呼びます。でも、私はアンです。

→

5. 政府は税金を高くしました。

→

6. 同僚は仕事をやめたがっています。

→

7. 友だちはよく約束を忘れます。

→

第21課　8　答えましょう

Ⅰ 日本語で答えてください。

1. 彼／彼女／友だちに何をされたら、悲しくなりますか。

2. 家族やルームメイトが寝ている間に何をしますか。

3. 何か盗まれたことがありますか。何を盗まれましたか。

4. 警察に電話したことがありますか。どうしてですか。

5. 魔法 (magie) が使えたら、何をしますか。（Utilisez ～く／にします.）

6. だれに何をしてほしいですか。どうしてですか。

Ⅱ 日本語で書いてください。
Écrivez à propos de la pire journée que vous ayez passée. Utilisez la forme passive pour les choses que les autres personnes ont faites et qui vous ont dérangé. Faites preuve d'imagination.

Exemple 朝、電車の中で女の人に足を踏まれた。女の人は何も言わないで、電車を降りた。大学に着いてから、友だちと話していて、日本語の授業に遅れてしまった。宿題も忘れたので、先生に怒られた。……

第21課 9　聞く練習 (Compréhension orale)
きくれんしゅう

A Écoutez les deux conversations et complétez le tableau en japonais. 🔊 W21-A

＊アラーム (alarme)

	男の人の問題 (problèmes) おとこ ひと もんだい	女の人のアドバイス (conseils) おんな ひと
Dialogue 1		
Dialogue 2		

B Écoutez le dialogue entre Kento et son ami. Écrivez trois choses malheureuses qui lui sont arrivées. 🔊 W21-B

1. けんとさんはルームメイトに_____。

2. けんとさんはルームメイトに_____。

3. けんとさんは_____ので、

　　先生に_____。
　　せんせい

C Écoutez le dialogue entre un membre du personnel de l'hôtel et un client, puis marquez chacune des propositions suivantes d'un ○ si elle est vraie ou d'un ✕ si elle est fausse. 🔊 W21-C

1. (　　　) お客さんは温泉に行きました。
　　　　　きゃく　おんせん　い

2. (　　　) お客さんは財布を温泉に持っていきました。
　　　　　きゃく　さいふ　おんせん　も

3. (　　　) お客さんは部屋のかぎをなくしました。
　　　　　きゃく　へや

4. (　　　) ホテルの人が警察に連絡します。
　　　　　ひと　けいさつ　れんらく

5. (　　　) お客さんは部屋で警察を待ちます。
　　　　　きゃく　へや　けいさつ　ま

第22課 1 Phrases factitives — 1

☛Grammaire 1

Ⅰ Remplissez le tableau.

forme du dictionnaire	forme passive	forme factitive
Ex. 食べる	食べられる	食べさせる
1. 聞く		
2. 消す		
3. 撮る		
4. 読む		
5. 見る		
6. 呼ぶ		
7. する		
8. 買う		
9. くる		

Ⅱ Traduisez les phrases suivantes.

1. Le responsable du département a fait préparer un plan du projet à M. Yamada.

2. Le responsable du département a fait conduire la voiture à M. Yamada.

3. Le professeur fait faire des présentations aux élèves chaque semaine.

4. Mes parents m'ont fait lire des livres quand j'étais enfant.

第22課 8 答えましょう

Ⅰ 日本語で答えてください。

1. 親になったら、子供に何を習わせたいですか。どうしてですか。

2. どうすれば、いい成績が取れると思いますか。あなたはそれをしていますか。

3. どんな人になりたいですか。どうしてですか。(Utilisez 〜のような.)

4. 高校の時、あなたの親はあなたに何をさせてくれましたか。何をさせてくれませんでしたか。

Ⅱ 日本語で書いてください。
Écrivez au sujet de votre enfance : ce que vos enseignants ou parents vous faisaient faire ou vous laissaient faire, ce que vous appreniez, comment vous passiez votre temps libre, etc.

[Exemple] 小学校の時、先生は一週間に一回、読んだ本のレポートを書かせました。家では、母はいつも私に「早く宿題をしなさい」と言いました。でも宿題が終わったら、ゲームを三十分させてくれました。……

第22課　9　聞く練習 (Compréhension orale)

A Un couple marié vient juste d'avoir une petite fille. Ils parlent de ce qu'ils veulent qu'elle fasse dans le futur. Passez la liste en revue et écrivez F pour ce que seule la femme veut qu'elle fasse, M pour ce que seul le mari veut qu'elle fasse et D pour ce qu'ils veulent tous deux qu'elle fasse. 🔊 W22-A　　　　　　*この子 (cette enfant)　バイオリン (violon)

1. (　　　) 英語を習う　　4. (　　　) ピアノを習う　　7. (　　　) 結婚する

2. (　　　) 空手を習う　　5. (　　　) バイオリンを習う

3. (　　　) テニスを習う　　6. (　　　) 留学する

B Écoutez le dialogue entre deux lycéennes, Kei et Megumi. Marquez d'un 〇 ce que Kei est autorisée à faire à l'heure actuelle ou ce qu'elle sera probablement autorisée à faire quand elle sera à l'université. 🔊 W22-B

	今	大学生になったら
友だちと旅行する		
アルバイトをする		
一人暮らしをする	—	

C Mme Watanabe est guide touristique. Son groupe de voyageurs se trouve dans un pays étranger et vient d'arriver à l'hôtel. Écoutez la conversation entre elle et les participants au voyage, puis répondez aux questions en japonais. 🔊 W22-C

*日本語しか話せない (ne sait parler que japonais)

1. (À propos de la première personne)

どこに行きますか。どうやって行きますか。

2. (À propos de la deuxième personne)

何をほしがっていますか。どこに行きますか。

3. (À propos de la troisième personne)

どこに行きますか。どうしてですか。

第23課 1 Phrases factitives passives — 1　　　☛Grammaire 1

Ⅰ Remplissez le tableau.

forme du dictionnaire	forme factitive	forme factitive passive
Ex. 食べる	食べさせる	食べさせられる
1. 答える		
2. 待つ		
3. 歌う		
4. 話す		
5. 書く		
6. 入れる		
7. 飲む		
8. 訳す		
9. 作る		
10. する		
11. くる		
12. 受ける		

Ⅱ Décrivez les images avec la forme factitive passive.

Ex. 毎日勉強する
まいにちべんきょう

たろう　親
おや

1. アイロンをかける

ゆみ　お母さん
かあ

2. ボールを拾う
ひろ

ひろこ　先輩
せんぱい

3. コピーを取る
と

たけし　部長
ぶちょう

(Exemple) たろうさんは親に毎日勉強させられます。
おや　まいにちべんきょう

1. _____

2. _____

3. _____

第23課　2　Phrases factitives passives — 2　　　☛Grammaire 1

I On vous a obligé à faire les choses ci-dessous. Réécrivez les phrases en utilisant la forme factitive et la forme factitive passive.

Exemple　私はきらいな食べ物を食べました。
　　　　　→　母は私にきらいな食べ物を食べさせました。　　（factitive）
　　　　　→　私は母にきらいな食べ物を食べさせられました。　（factitive passive）

1. 私は宿題を手伝いました。

　　→　弟は_____。

　　　　私は_____。

2. 私はペットの世話をしました。

　　→　親は_____。

　　　　私は_____。

3. 私はお皿を洗いました。

　　→　親は_____。

　　　　私は_____。

II Répondez aux questions suivantes.

1. 子供の時、あなたは親／兄弟に何をさせられましたか。

2. 高校の時、あなたは先生に何をさせられましたか。

3. 最近、だれに何をさせられましたか。

第23課　3　Formes passive et factitive passive　☛Grammaire 1 et L21-Grammaire 1

▶ Décrivez les situations suivantes de votre point de vue, en utilisant des phrases passives ou factitives passives qui commencent par 私は.

(Exemple)　Un voleur m'a volé mon appareil photo.

→　私はどろぼうにカメラを盗まれました。

Ma mère m'a fait laver sa voiture.

→　私は母に車を洗わされました。

1. Mon ami s'est moqué de moi.

　→

2. Mes parents m'ont forcé à apprendre le karaté.

　→

3. Mes parents m'ont fait renoncer à mes voyages.

　→

4. Mon ami parlait derrière mon dos quand j'étais enfant.

　→

5. Ma mère m'obligeait à me brosser les dents trois fois par jour.

　→

6. Mon ami m'a fait attendre une heure à la gare.

　→

7. Le client s'est plaint auprès de moi.

　→

8. Un moustique m'a piqué.

　→

第23課 4 ～ても ☛Grammaire 2

Ⅰ Traduisez les phrases en utilisant ～ても / でも.

1. Je ne sortirai pas, même s'il arrête de pleuvoir.

2. Mon ami ne dit rien, même si je ne tiens pas mes promesses.

3. Même si un examen est difficile, je ne tricherai pas.

4. Ne soyez pas déçu, même si le résultat n'est pas bon.

5. Je n'en veux pas, même si c'est gratuit.

Ⅱ Complétez les phrases suivantes.

1. ＿＿＿＿＿＿＿＿＿＿＿＿＿＿＿＿＿＿＿＿＿も、泣きません。
　　　　　　　　　　　　　　　　　　　　　　　　な

2. ＿＿＿＿＿＿＿＿＿＿＿＿＿＿＿＿＿＿＿も、我慢します。
　　　　　　　　　　　　　　　　　　　　　　　　が まん

3. いい成績が取れなくても、＿＿＿＿＿＿＿＿＿＿＿＿＿＿＿＿＿＿。
　　せいせき　と

4. ＿＿＿＿＿＿＿＿＿に反対されても、＿＿＿＿＿＿＿＿＿＿＿＿。
　　　　　　　　　　　　はんたい

5. ＿＿＿＿＿＿＿＿＿がまずくても、＿＿＿＿＿＿＿＿＿＿＿＿＿＿。

第23課　5　〜ことにする　　　☞Grammaire 3

I Traduisez les phrases suivantes.

1. Sora a décidé de passer l'examen l'année prochaine.

2. Ken a décidé de ne pas chercher de travail cette année.

3. Comme la date limite pour rendre la dissertation est demain, John a décidé de rester éveillé toute la nuit.

4. J'ai décidé d'effectuer des recherches sur la santé et l'environnement.

5. Comme je pourrais tomber malade, j'ai décidé de souscrire à une assurance.

II Complétez les phrases en utilisant 〜ことにしました.

1. 授業が休講になったので、＿＿＿＿＿＿＿＿＿＿＿＿。

2. かぜをひいたので、＿＿＿＿＿＿＿＿＿＿＿＿。

3. 雨がやんだので、＿＿＿＿＿＿＿＿＿＿＿＿。

4. 優勝したいから、＿＿＿＿＿＿＿＿＿＿＿＿。

5. 日本語が上手になりたいので、＿＿＿＿＿＿＿＿＿＿＿＿。

第23課　6　〜ことにしている　　　　　　　　☛Grammaire 4

Ⅰ Voici ce que Sora a pour habitude ou pour principe de faire. Exprimez cela avec 〜ことにしています.

1. courir tous les jours pour sa santé

　　→　ソラさんは

2. ne pas se rendre dans des endroits dangereux

　　→　ソラさんは

3. utiliser les escaliers et ne pas utiliser l'ascenseur（エレベーター）

　　→　ソラさんは

4. ne pas parler dans le dos de quelqu'un

　　→　ソラさんは

5. appeler ses parents une fois par semaine

　　→　ソラさんは

6. ne pas rater les cours, même si elle est malade

　　→　ソラさんは

7. ne pas se mettre en colère, même si son petit frère lui raconte un mensonge

　　→　ソラさんは

Ⅱ Répondez aux questions suivantes.

1. 毎日何をすることにしていますか。
　　まいにちなに

2. 何をしないことにしていますか。どうしてですか。
　　なに

第23課 7 ～まで   ☛Grammaire 5

I Traduisez les phrases suivantes.

1. Je ne voyagerai pas tant que je n'aurai pas économisé d'argent.

2. Pourrais-tu (m') attendre jusqu'à ce que mes devoirs soient terminés ?

3. Vous ne devez pas boire d'alcool avant d'avoir 20 ans.

4. Vous pouvez rester chez moi jusqu'à ce que vous trouviez un appartement.

5. Vous devez prendre soin de vos animaux de compagnie jusqu'à ce qu'ils meurent.

6. J'ai dû attendre qu'il cesse de pleuvoir.

II Répondez aux questions en utilisant un verbe ＋ まで.

1. いつまで日本語の勉強を続けるつもりですか。

2. いつまで親と住むつもりですか／住んでいましたか。

3. いつまで今住んでいる町にいるつもりですか。

第23課　8　〜方
かた

☞Grammaire 6

Ⅰ　Traduisez les phrases suivantes.

　　1.　Je ne sais pas comment utiliser cette application.

　　2.　Veuillez expliquer comment passer commande.

　　3.　Je veux savoir comment préparer un savoureux thé vert.

　　4.　Pourriez-vous m'apprendre à faire pousser des légumes ?

Ⅱ　Complétez les dialogues suivants.

　　1.　A：すみません。単語の覚え方を教えてくれませんか。
　　　　　　　　　　たん ご　おぼ　かた　おし

　　　　B：＿＿＿＿＿＿＿＿＿＿＿＿＿＿＿＿＿＿＿＿＿＿＿＿＿＿＿＿＿＿＿

　　　　　＿＿＿＿＿＿＿＿＿＿＿＿＿＿＿＿＿＿＿＿＿＿＿＿＿＿＿＿＿＿＿。

　　2.　A：すみません。＿＿＿＿＿＿＿＿＿＿＿＿＿＿を教えてくれませんか。
　　　　　　　　　　　　　　　　　　　　　　　　　　おし

　　　　B：＿＿＿＿＿＿＿＿＿＿＿＿＿＿＿＿＿＿＿＿＿＿＿＿＿＿＿＿＿＿＿

　　　　　＿＿＿＿＿＿＿＿＿＿＿＿＿＿＿＿＿＿＿＿＿＿＿＿＿＿＿＿＿＿＿。

第23課　9　答えましょう

I 日本語で答えてください。

1. 最近、したくないことをさせられましたか。何をさせられましたか。

2. あなたのモットー (devise) は何ですか。二つ書いてください。

(Utilisez 〜ても et 〜することにしている.)

[Exemple] 天気が悪くても、学校を休まないことにしています。

(1)

(2)

3. どんな人に我慢できませんか。

4. 最近がっかりしたことがありますか。どうしてがっかりしましたか。

5. 日本語の試験の前にどうやって勉強しますか。勉強のし方を書いてください。

II 日本語のクラスでどんな思い出がありますか。
（先生に何をさせられましたか。何をしてよかったですか。何をすればよかったですか。）

第13課　1　Écriture des kanji

146 物	物	物	物						
147 鳥	鳥	鳥	鳥						
148 料	料	料	料						
149 理	理	理	理						
150 特	特	特	特						
151 安	安	安	安						
152 飯	飯	飯	飯						
153 肉	肉	肉	肉						
154 悪	悪	悪	悪						
155 体	体	体	体						
156 同	同	同	同						
157 着	着	着	着						
158 空	空	空	空						
159 港	港	港	港						
160 昼	昼	昼	昼						
161 海	海	海	海						

第13課　2　Utilisation des kanji

▶ Réécrivez les *hiragana* avec le composé de kanji et de *hiragana* qui convient. Réécrivez les kanji avec des *hiragana*.

1. 私の＿＿＿＿＿＿で、日本の＿＿＿＿＿＿と＿＿＿＿＿＿は高いです。
　　　　　　国　　　　　　　　　　　たべもの　　　　　のみもの

2. 私は＿＿＿＿＿＿　＿＿＿の＿＿＿が好きです。
　　　　　とくに　　　とり　　にく

3. ＿＿＿に＿＿＿＿＿に＿＿＿＿＿＿＿＿＿。
　　ひる　　　くうこう　　　　つきました

4. ＿＿＿＿＿＿＿は＿＿＿＿＿＿、＿＿＿＿＿　＿＿＿を食べています。
　　あさごはん　　　　　毎日　　　　　おなじ　　もの

5. ＿＿＿＿＿＿＿、＿＿＿に行きました。その＿＿＿＿＿、
　　　先月　　　　　うみ　　　　　　　　　　時

　　＿＿＿＿＿＿を買いました。
　　みずぎ

6. ＿＿＿＿＿＿＿＿　＿＿＿＿＿＿＿が＿＿＿＿＿なります。
　　　時々　　　　　　気分　　　　　わるく

7. お母さんは、＿＿＿＿＿＿は＿＿＿＿＿＿、＿＿＿にいいと言います。
　　　　　　　ごはん　　　　　やすくて　　　からだ

8. ＿＿＿＿＿＿＿＿＿に＿＿＿＿＿＿＿の経験でした。
　　　一生　　　　　　　一度　　　　　けいけん

9. ＿＿＿＿＿＿の後、＿＿＿＿＿をして、＿＿＿＿＿＿を食べました。
　　かいもの　　　　　　りょうり　　　　　ひるごはん

10. 日本で＿＿＿＿＿を＿＿＿＿＿みたいです。
　　　　きもの　　　　きて

第14課 1 Écriture des kanji

162	彼	彼	彼	彼						
163	代	代	代	代						
164	留	留	留	留						
165	族	族	族	族						
166	親	親	親	親						
167	切	切	切	切						
168	英	英	英	英						
169	店	店	店	店						
170	去	去	去	去						
171	急	急	急	急						
172	乗	乗	乗	乗						
173	当	当	当	当						
174	音	音	音	音						
175	楽	楽	楽	楽						
176	医	医	医	医						
177	者	者	者	者						

第14課 2 Utilisation des kanji

▶ Réécrivez les *hiragana* avec le composé de kanji et de *hiragana* qui convient. Réécrivez les kanji avec des *hiragana*.

1. 私の_____はとても_____です。二歳_{さい}_____です。
　　　　かれ　　　　　　　　しんせつ　　　　　　　　　　　年上

2. _____、_____するので、_____は
　　　　二か月後　　　　　　りゅうがく　　　　　　　　かぞく

　　心配しています。
　　しんぱい

3. その_____の人は_____が_____でした。
　　　　みせ　　　　　えいご　　　　　上手

4. _____ _____になって_____に行きました。
　　きゅうに　　びょうき　　　　　　いしゃ

5. _____は_____ _____です。
　　きょねん　　　ほんとうに　　　たのしかった

6. 東京から_____まで飛行機に_____。
　　　　　　北海道　　　　　ひこうき　　　　　　　のりました

7. _____は_____で、専攻は_____です。
　　かのじょ　　　りゅうがくせい　　せんこう　　おんがく

8. 大学_____の友だちに_____会っていません。
　　　じだい　　　　　　　　　　　三年間

9. 仕事の後、_____をして、_____帰ります。
　　　　　　かいもの　　　　　　いそいで

10. 子どもの時、_____が髪を_____くれました。
　　　ちちおや　　かみ　　きって

第15課　1　Écriture des kanji

178	死	死	死	死					
179	意	意	意	意					
180	味	味	味	味					
181	注	注	注	注					
182	夏	夏	夏	夏					
183	魚	魚	魚	魚					
184	寺	寺	寺	寺					
185	広	広	広	広					
186	足	足	足	足					
187	転	転	転	転					
188	借	借	借	借					
189	走	走	走	走					
190	場	場	場	場					
191	建	建	建	建					
192	地	地	地	地					
193	通	通	通	通					

第15課　2　Utilisation des kanji

▶ Réécrivez les *hiragana* avec le composé de kanji et de *hiragana* qui convient. Réécrivez les kanji avec des *hiragana*.

1. ＿＿＿＿＿＿＿＿＿に、友だちに＿＿＿＿＿＿＿＿＿を＿＿＿＿＿＿＿＿＿。
　　なつやすみ　　　　　　　　　　　じてんしゃ　　　　　　かりました

2. 毎日、駅の＿＿＿＿＿＿＿を＿＿＿＿＿＿＿＿。
　　えき　　　ちか　　　　　とおります

3. ＿＿＿＿＿＿＿＿＿の中で＿＿＿＿＿＿＿＿＿はいけません。
　　たてもの　　　　　　　　はしって

4. この漢字の＿＿＿＿＿＿＿＿＿を教えてください。
　　かんじ　　　　　いみ　　　　　おし

5. 私は毎年、＿＿＿＿＿にその＿＿＿＿＿＿＿に行きます。
　　　　　なつ　　　　　　おてら

6. ＿＿＿＿＿には＿＿＿＿＿がありません。
　　さかな　　　　あし

7. この＿＿＿＿＿＿＿で＿＿＿＿＿＿＿＿＿＿の人が＿＿＿＿＿＿＿＿。
　　　ばしょ　　　　　二十万人　　　　　　　しにました

8. この道は＿＿＿＿＿＿＿ですが、車に＿＿＿＿＿＿＿してください。
　　　　　　ひろい　　　　　　　　　ちゅうい

9. ＿＿＿＿＿＿＿＿＿、子供が＿＿＿＿＿＿＿＿＿＿。
　　　今年　　　　　　こども　　　生まれました

10. ＿＿＿＿＿＿＿に＿＿＿＿＿＿＿＿＿　＿＿＿＿＿＿があります。
　　　ちかく　　　　　有名な　　　　　　じんじゃ

11. その島は＿＿＿＿＿＿＿＿＿＿暖かいので、＿＿＿＿＿＿＿があります。
　　　しま　　　　一年中　　　あたた　　　　　　　人気

12. ＿＿＿＿＿の島で生活を＿＿＿＿＿＿＿＿＿います。
　　みなみ　　しま　せいかつ　　たのしんで

第16課 1 Écriture des kanji

194 供	供	供	供					
195 世	世	世	世					
196 界	界	界	界					
197 全	全	全	全					
198 部	部	部	部					
199 始	始	始	始					
200 週	週	週	週					
201 考	考	考	考					
202 開	開	開	開					
203 屋	屋	屋	屋					
204 方	方	方	方					
205 運	運	運	運					
206 動	動	動	動					
207 教	教	教	教					
208 室	室	室	室					
209 以	以	以	以					

第16課　2　Utilisation des kanji

➤ Réécrivez les *hiragana* avec le composé de kanji et de *hiragana* qui convient. Réécrivez les kanji avec des *hiragana*.

1. _____は私たちの_____です。
　　　せかい　　　　　　　　きょうしつ

2. 私は_____の時、よく_____しました。
　　　　こども　　　　　　　　うんどう

3. _____、_____で_____ください。
　　ぜんぶ　　　　じぶん　　　　かんがえて

4. うちでは私_____、_____その番組を見ています。
　　　　　　いがい　　　　まいしゅう　　ばんぐみ

5. _____の窓を_____、_____を見ます。
　　へや　　　　まど　　　あけて　　　　　空

6. あの先生は_____の_____です。
　　　　　　　小学生　　　　みかた

7. 授業が_____前に宿題を_____ください。
　じゅぎょう　はじまる　　しゅくだい　出して

8. _____に帰って_____を_____。
　　くに　　　　　ほんや　　　　はじめます

9. _____ _____、父に_____を_____
　　せんしゅう　いっしゅうかん　　　うんてん　　　おしえて

もらいました。

10. パソコンを_____、レポートを_____。
　　　　　　つかって　　　　　　　　かきました

第17課 1 Écriture des kanji

210	野	野	野	野					
211	習	習	習	習					
212	主	主	主	主					
213	歳	歳	歳	歳					
214	集	集	集	集					
215	発	発	発	発					
216	表	表	表	表					
217	品	品	品	品					
218	写	写	写	写					
219	真	真	真	真					
220	字	字	字	字					
221	活	活	活	活					
222	結	結	結	結					
223	婚	婚	婚	婚					
224	歩	歩	歩	歩					

第17課 2 Utilisation des kanji

➤ Réécrivez les *hiragana* avec le composé de kanji et de *hiragana* qui convient. Réécrivez les kanji avec des *hiragana*.

1. ＿＿＿＿＿＿＿は＿＿＿＿＿を＿＿＿＿＿＿＿＿＿。
　　　　二人　　　　　　けっこん　　　　　　　はっぴょうしました

2. きれいな＿＿＿＿＿を＿＿＿＿＿＿います。
　　　　　　しゃしん　　　　あつめて

3. ＿＿＿＿＿さんの＿＿＿＿＿＿は＿＿＿＿＿です。
　　　おの　　　　　　ごしゅじん　　　さんじゅっさい

4. ＿＿＿＿＿が好きなので、ピアノを＿＿＿＿＿います。
　　　おんがく　　　　　　　　　　　　ならって

5. ＿＿＿＿＿をたくさん＿＿＿＿＿＿＿＿＿。
　　　さくひん　　　　　　　　作りました

6. あの人は、＿＿＿＿＿＿＿＿＿＿に、＿＿＿＿＿音楽の
　　　　　　　　八十年代　　　　　　　おもに

＿＿＿＿＿で＿＿＿＿＿しました。
　　ぶんや　　　かつどう

7. この＿＿＿＿＿を＿＿＿＿＿書いて覚えてください。
　　　　もじ　　　　　何度も　　　　　おぼ

8. ＿＿＿＿＿、＿＿＿＿＿に行きます。
　　　あるいて　　　　しごと

9. 彼は＿＿＿＿＿、＿＿＿＿＿で＿＿＿＿＿しました。
　　　　その後　　　　ながの　　　せいかつ

10. 友だちの宿題を＿＿＿＿＿のはよくないです。
　　　　しゅくだい　　うつす

第18課 1 Écriture des kanji

225 目	目	目	目				
226 的	的	的	的				
227 洋	洋	洋	洋				
228 服	服	服	服				
229 堂	堂	堂	堂				
230 力	力	力	力				
231 授	授	授	授				
232 業	業	業	業				
233 試	試	試	試				
234 験	験	験	験				
235 貸	貸	貸	貸				
236 図	図	図	図				
237 館	館	館	館				
238 終	終	終	終				
239 宿	宿	宿	宿				
240 題	題	題	題				

第18課　2　Utilisation des kanji

➤ Réécrivez les *hiragana* avec le composé de kanji et de *hiragana* qui convient. Réécrivez les kanji avec des *hiragana*.

1. ＿＿＿＿＿＿で食べてから、＿＿＿＿＿＿に行きます。
   しょくどう　　　　　　　えいがかん

2. この＿＿＿＿＿＿の＿＿＿＿＿は何ですか。
   じゅぎょう　　もくてき

3. その＿＿＿＿＿を＿＿＿＿＿＿ください。
   ようふく　　　　かして

4. ＿＿＿＿＿＿＿＿＿、＿＿＿＿＿が＿＿＿＿＿＿＿＿＿。
   来週　　　　　　しけん　　　　　おわります

5. ＿＿＿＿＿＿＿＿、＿＿＿＿＿＿＿＿を払わなければいけません。
   毎月　　　　　　電気代　　　　　　　はら

6. 私の＿＿＿＿＿＿＿友だちは、＿＿＿＿＿＿＿がとても上手です。
   親しい　　　　　　　　　空手

7. その＿＿＿＿＿＿＿＿＿と＿＿＿＿＿＿＿＿＿＿は
   男子学生　　　　　　　　　　女子学生

   ＿＿＿＿＿＿＿で＿＿＿＿＿をしていました。
   としょかん　　　しゅくだい

8. 一週間に＿＿＿＿＿＿ ＿＿＿＿＿＿、＿＿＿＿＿をしています。
   三日　　　　　　以上　　　　　ちからしごと

9. ＿＿＿にコンタクトを＿＿＿＿＿＿から、＿＿＿を着ました。
   め　　　　　　　　　　入れて　　　　　ふく

10. ＿＿＿＿＿＿で＿＿＿＿＿をもらいました。
    りょかん　　　ちず

第19課 1 Écriture des kanji

241	春	春	春	春					
242	秋	秋	秋	秋					
243	冬	冬	冬	冬					
244	花	花	花	花					
245	様	様	様	様					
246	不	不	不	不					
247	姉	姉	姉	姉					
248	兄	兄	兄	兄					
249	漢	漢	漢	漢					
250	卒	卒	卒	卒					
251	工	工	工	工					
252	研	研	研	研					
253	究	究	究	究					
254	質	質	質	質					
255	問	問	問	問					
256	多	多	多	多					

第19課 2 Utilisation des kanji

▶ Réécrivez les *hiragana* avec le composé de kanji et de *hiragana* qui convient. Réécrivez les kanji avec des *hiragana*.

1. ＿＿＿＿＿＿＿＿＿と＿＿＿＿＿＿＿＿＿によろしくお伝えください。
   　　おにいさん　　　　　　おねえさん　　　　　　　　　　　つた

2. ＿＿＿＿より＿＿＿＿のほうが好きです。
   　　はる　　　　あき

3. ＿＿＿＿は＿＿＿＿＿＿の歴史を＿＿＿＿＿＿＿＿＿＿います。
   　　あね　　　かんじ　　　れきし　　けんきゅうして

4. ＿＿＿＿は＿＿＿＿があまり咲きません。
   　　ふゆ　　　はな　　　　　　さ

5. ＿＿＿＿＿＿＿では名前の後ろに「＿＿＿＿」と書きます。
   　　てがみ　　　　　　　　　　　　　さま

6. ＿＿＿＿＿＿が＿＿＿＿＿＿＿、＿＿＿＿＿＿＿です。
   　　しつもん　　　　おおくて　　　　　ふあん

7. 大学で＿＿＿＿＿＿を勉強しています。＿＿＿＿＿＿、＿＿＿＿＿＿＿＿＿＿。
   　　　　こうがく　　　　　　　　　　　　らいねん　　　そつぎょうします

8. 時々、日本の＿＿＿＿＿＿＿＿を＿＿＿＿＿＿＿＿＿＿＿＿。
   　　　　　　　　友人　　　　　　　　思い出します

9. 彼は＿＿＿＿＿＿＿な友だちです。とても＿＿＿＿＿＿＿になりました。
   　　　　大切　　　　　　　　　　　　お世話

10. ＿＿＿＿が東京の＿＿＿＿＿＿＿＿＿＿＿＿に入ったので、
    　　あに　　　　　　　大学院

    ＿＿＿＿＿＿＿＿に遊びに行きます。
    　　ふゆやすみ　　　あそ

第23課 1 Écriture des kanji

303 顔	顔	顔	顔				
304 悲	悲	悲	悲				
305 怒	怒	怒	怒				
306 違	違	違	違				
307 変	変	変	変				
308 比	比	比	比				
309 情	情	情	情				
310 感	感	感	感				
311 調	調	調	調				
312 査	査	査	査				
313 果	果	果	果				
314 化	化	化	化				
315 横	横	横	横				
316 相	相	相	相				
317 答	答	答	答				

第23課 2 Utilisation des kanji

▶ Réécrivez les *hiragana* avec le composé de kanji et de *hiragana* qui convient. Réécrivez les kanji avec des *hiragana*.

1. 英語の＿＿＿＿＿＿＿＿は、＿＿＿＿＿＿で＿＿＿＿＿を
　　　　　　かおもじ　　　　　　　口　　　　　かんじょう

　　＿＿＿＿＿＿＿＿＿。＿＿＿＿＿＿＿＿＿、日本語ではよく目を使います。
　　　　表します　　　　　　　　一方

2. 彼は＿＿＿＿＿＿＿な＿＿＿をして、＿＿＿＿＿＿＿＿＿。
　　　　　かなしそう　　　かお　　　　　　こたえました

3. みんながその＿＿＿＿＿＿はちょっと＿＿＿＿＿＿と思いました。
　　　　　　　けっか　　　　　　　　　へんだ

4. ＿＿＿＿＿と野菜は何が＿＿＿＿＿＿か。その＿＿＿＿＿は難しいです。
　　くだもの　　やさい　　　　ちがいます　　　　　こたえ　　むずか

5. ＿＿＿＿＿＿＿＿＿で使われている絵文字を＿＿＿＿＿＿＿＿です。
　　　　　世界中　　　　　　　　え　　　　　　しらべたい

6. 日本とあなたの国の＿＿＿＿＿の＿＿＿＿＿を＿＿＿＿＿＿みましょう。
　　　　　　　　　　ぶんか　　　ちがい　　　　くらべて

7. ＿＿＿＿＿＿の＿＿＿＿＿＿をよく見たほうがいいです。
　　　あいて　　　ひょうじょう

8. その人は私の＿＿＿で＿＿＿＿＿＿＿泣いていました。
　　　　　　よこ　　　かんどうして　　　な

9. 敬語の＿＿＿＿＿＿＿を＿＿＿＿＿＿＿、＿＿＿＿＿＿＿＿＿。
　　けいご　　　使い方　　　　まちがえて　　　　おこられました

10. この＿＿＿＿＿＿を続けるのは＿＿＿＿＿＿＿＿＿＿。
　　　　ちょうさ　　　　　　　たいへんでした